JN005589

初・中級の文法が よくわかる！ 韓国語表現文型

李倫珍 著

HANA

▌ はじめに

　初めまして。著者の李倫珍です。この本を通じて、日本の読者の皆さんに会えたことをうれしく思います。そして、私の永遠の友人であり生徒でもある、ちえ、ゆみ、まり、よしこ、ちか、ゆみこ、ともみ、りえ、くみさん、今でも韓国語を一生懸命勉強していますか。

　私は、日本との縁がきっかけで韓国語教師としての道を歩み始めました。そして、韓国語を教えながら自然に日本人の友人と友情を深めていくことになりました。この本は、日本以外にも中国とベトナムで現地の言葉に翻訳されて出版されましたが、こうした機会を通して世界中の読者の皆さんとの出会いに恵まれることは、私にとって本当に意味のあることです。ましてや、このたびこの本の日本語版が改訂されて、日本の読者の方とまた出会えるようになったことに、大きな幸せを感じています。

　韓国語の基本的な文法を扱ったこの本は、学習者自らが必要な文法を簡単に見つけて勉強できるように構成されています。特に、学習者が間違えやすい文法を簡潔に比較、説明しているので、初級レベルの学習者の方だけでなく、すでに一定の文法知識を身に付けた中級以上の学習者の方にも役立つでしょう。

　この本は使い方次第では、単に文法を理解するための本にとどまりません。例えば「-게 되다（〜になる）」について学び「친구를 만나게 되었다.（友達に会うようになった。）」という文に接したときには、「〜을/를 -게 되었다.」という表現がすぐ思い浮かぶようになるまで、繰り返し文を作ってみましょう。本の説明や豊富な例文を基に、「여행을 가게 되었다.（旅行に行くことになった。）」「그 일을 하게 되었다.（その仕事をやるようになった。）」など、自分の状況に合わせて、自分がいつか韓国語で話す可能性が高い文をいくつも作ってみるのです。改訂版では音声もサポートされたので、音をまねしながら何度も声に出す練習をすることも大事です。こうすることで、いつか皆さんの韓国語が見違えるように上達する瞬間が来るはずです。

　韓国語のことわざに「가랑비에 옷 젖는 줄 모른다.（霧雨で服が濡れるのに気が付かない。）」というものがあります。大したことでなくても、何度も繰り返していけば無視できないほど大きくなるという意味ですが、私はこの本が皆さんにとって「가랑비」のような存在になることを願っています。

ソウルにて、李倫珍

▌ この本について

　本書は、2014 年に出版された『よくわかる！韓国語表現文型』（HANA 刊）
の全韓国語例文に音声を用意し、提供方法をダウンロード方式へと変更した
改訂版です。

　また、この『よくわかる！韓国語表現文型』は、韓国で出版された『그림
으로 이해하는 한국어 문형 표현 지하철이 고장나서 늦었어요』（2006 年、
Communicationbooks 刊）を基にして出版した『初〜中級必須の 70 項目が
スッキリわかる　韓国語表現文型』（2008 年、HANA 発行／アルク発売）を
改訂したものとなっています。

▌ この本の特徴

1. 初級から中級までの学習者が、さらに上を目指すために必須となる文型を
   厳選し、多くの例文とともに整理・提示しました。どこから読み始めても学
   べるようになっており、文法項目が分からないときのリファレンスとして使う
   こともできます。

2. それぞれの文型が先行する用言などとどのように接続するのかを、「接続形
   式」の項を通じて、具体的に把握できます。

3. 各文型がどう使われるのかを見るために、豊富な例文を用意しました。解
   説と対訳を頼りにこれらをよく読み、さらに「練習」を解くことで、文型に
   対する理解を深めることができます。

4. 「比較すると？」「違いは何？」などの項目を通じて、類似文型との使い分け
   方について知ることができるとともに、「どれが正しい？」「どうして間違い？」
   などの項目を通じて、学習者が犯しやすい間違いについてあらかじめ知るこ
   とができます。

5. 聞くだけで文型の学習ができる音声をダウンロードで提供しています。

6. 文字が適度に大きくて読みやすく、書き込みもできるレイアウトです。

この本の構成

　本書は全体を3つの章に分け、第1章に文を連結する語尾や表現など（一部助詞）を、第2章に文を終結する語尾や表現など（一部接尾辞＝語の末尾について意味を加えたり品詞を変える語）を、第3章に名詞を修飾する形を作る連体形語尾と名詞形を作る語尾を集めました。各課の構成は下記のとおりです。

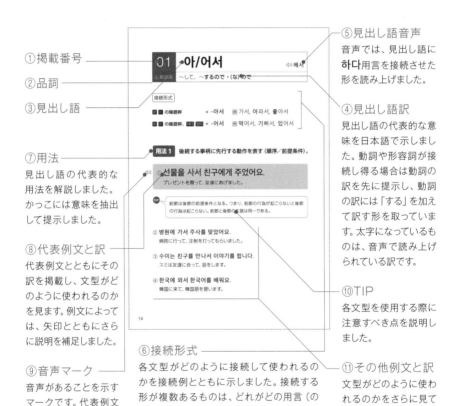

①掲載番号

②品詞

③見出し語

⑦用法
見出し語の代表的な用法を解説しました。かっこには意味を抽出して提示しました。

⑧代表例文と訳
代表例文とともにその訳を掲載し、文型がどのように使われるのかを見ます。例文によっては、矢印とともにさらに説明を補足しました。

⑨音声マーク
音声があることを示すマークです。代表例文はすべて訳文の音声も用意されています。

⑤見出し語音声
音声では、見出し語に**하다**用言を接続させた形を読み上げました。

④見出し語訳
見出し語の代表的な意味を日本語で示しました。動詞や形容詞が接続し得る場合は動詞の訳を先に提示し、動詞の訳には「する」を加えて訳す形を取っています。太字になっているものは、音声で読み上げられている訳です。

⑩TIP
各文型を使用する際に注意すべき点を説明しました。

⑥接続形式
各文型がどのように接続して使われるのかを接続例とともに示しました。接続する形が複数あるものは、どれがどの用言（の形）に接続するのかを詳しく示しています。アイコンの見方は下記のとおりです。

⑪その他例文と訳
文型がどのように使われるのかをさらに見ていきます。例文によっては、矢印とともにさらに説明を補足しました。

用 ＝すべての用言の語幹
動 ＝動詞の語幹
形 ＝形容詞の語幹
있다 ＝存在詞（있다、없다）の語幹
이다 ＝指定詞（이다、아니다）の語幹
名 ＝名詞

練習

学んだ例文を自分で練習します。解答
は巻末 (P.253-271) に掲載しました。

練習1 -아/어서を使って、2つの文をつなげてみましょう。

先行の事柄	後続の事柄
例 아침에 일어납니다.	운동합니다.
● 사진을 찍습니다.	친구에게 보여 주고 싶습니다.
● 꽃을 삽니다.	선생님께 드렸습니다.

例 아침에 일어나서 운동합니다.
●
●

比較すると？

混同しやすい複数の類似文型を比較
し、それぞれの正しい意味や用法、使
い分け方について見ます。該当項目が
他の文型のところで取り上げられてい
る場合は、小さい見出しと共に参照先
のページを示しました。

比較すると？

한국이 좋아서 한국에 왔어요. 韓国が好きで韓国に来ました。
☞ 一般的な理由を述べる場合。柔らかいニュアンス。
한국이 좋으니까 한국에 왔어요. 韓国が好きだから韓国に来ました。
☞ 質問に対する答えとして使う。特に理由を強調したい場合。

比較すると？ ➡ P.20, P.26, P.32, P.52, P.75

違いは何？

意味や用法が似ている文型が使われ
た複数の文を比較し、どのように意味
やニュアンスがことなるかを見ます。

違いは何？

학교에 가서 공부해요. (学校に行く➡その学校で勉強する)
학교에 가고 공부해요. (学校に行く➡その後に勉強する)

친구를 만나서 공부해요. (友達に会う➡その友達と一緒に勉強する)
친구를 만나고 공부해요. (友達に会う➡その後に勉強する)

どうして間違い？

学習者が犯しやすい典型的な間違
いの例について見ます。解答は巻末
(P.253-271) に掲載しました。

どうして間違い？

● 한국에 와서 한국어를 배워요.
● 어제 피곤했어서 일찍 잤어요.
● 집에 갔어서 쉬었어요.
● 선생님은 가르쳐서 학생들은 배워요.

どれが正しい？

複数の文型のうち、どれを使えばより
自然な表現になるかを見ます。解答は
巻末 (P.253-271) に掲載しました。

どれが正しい？

● 주말에 영화 (보러/보려고) 갑시다.
週末に映画を見に行きましょう。
● 언제 고향에 (가러/가려고) 하세요?
いつ故郷に帰ろうとお考えですか?
● 친구를 (만나러/만나려고) 시내에 갑니다.
友達に会いに市内へ行きます。
● 2호선으로 (갈아타러/갈아타려고) 시청역에서 내렸어요.
2号線に乗り換えようと市庁駅で降りました。

代表例文一覧

学んだことを復習したり、さまざまな練習をしたりしやすいように、第1〜3章で代表例文として取り上げた例文を一覧にまとめました。

※見出し語と代表例文を読み上げた韓国語のみの音声がダウンロードできます（☞ P.12）。

代表例文一覧

本書の代表例文の一覧です。左ページのハングルの見出し語と例文の音声を、10個ごとに一つの音声ファイルに収録しています。

見出し語	例文	意味	日本語訳
01 -아/어서 해서	선물을 사서 친구에서 주었어요. 아파서 학교에 못 갔어요.	するので、なので	プレゼントを買って、友達にあげました。 体調が悪くて、学校に行けませんでした。
02 -(으)니까 하니까	자리가 없으니까 잠시 기다려 주세요. 친구한테 전화하니까 안 받아요.	するから、だから	席がないので、しばらくお待ちください。 友達に電話したら、出ませんでした。
03 -고 하고	나는 책을 읽고 동생은 텔레비전을 봅니다. 나는 밥을 먹고 이를 닦습니다.	して、で	私は本を読んで、弟はテレビを見ます。 私はご飯を食べて歯を磨きます。
04 -(으)면서 하면서	텔레비전을 보면서 식사를 해요.	しながら	テレビを見ながら食事をします。
05 -(으)며 하며	그 사람은 키가 크며 성격도 좋아요. 동생이 음악을 들으며 공부합니다.	して、で	その人は背が高くて、性格もいいです。 弟が音楽を聞きながら勉強しています。
06 -(으)러 하러	책을 사러 서점에 가요.	しに	本を買いに、書店に行きます。
07 -(으)려고 하려고	내년에 고향에 돌아가려고 해요. 친구에게 주려고 꽃을 샀어요.	しようと	来年、故郷へ帰ろうと思います。 友達にあげようと花を買いました。
08 -는/(으)ㄴ데 하는데、한데	요즘 한국무용을 배우는데 아주 재미있어요. 운동은 잘하는데 노래는 못해요. 날씨가 더운데 코트를 입었어요.	するけど、だけど	このごろ韓国語を習っているんですが、とても楽しいです。 運動はできますが、歌は下手です。 暑いのにコートを着ています。
09 (아무리) -아/어도 해도	바빠도 식사는 합니다.	しても	忙しくても、食事はします。
10 -자 하자	창문을 열자 바람이 들어왔어요.	すると	窓を開けると、風が入ってきました。
11 -자마자 하자마자	아침에 일어나자마자 물을 마셔요.	するとすぐに	朝起きるとすぐに、水を飲みます。
12 -느라(고) 하느라고	요즘 시험 공부를 하느라고 놀지 못해요.	しているため	最近、試験勉強をしているため、遊べません。

▐ 目　次

第1章　連結の文型

第2章　終結の文型

第3章　その他の文型
—

■ 音声の構成

1 韓国語＋日本語音声

文法項目ごとに下記の順番で内容を読み上げました。音声ファイルの番号は掲載番号と同一です。

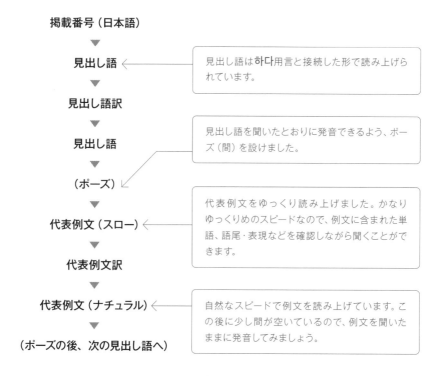

掲載番号（日本語）
▼
見出し語 ← 見出し語は**하다**用言と接続した形で読み上げられています。
▼
見出し語訳
▼
見出し語 ← 見出し語を聞いたとおりに発音できるよう、ポーズ（間）を設けました。
▼
（ポーズ）
▼
代表例文（スロー） ← 代表例文をゆっくり読み上げました。かなりゆっくりめのスピードなので、例文に含まれた単語、語尾・表現などを確認しながら聞くことができます。
▼
代表例文訳
▼
代表例文（ナチュラル） ← 自然なスピードで例文を読み上げています。この後に少し間が空いているので、例文を聞いたままに発音してみましょう。
▼
（ポーズの後、次の見出し語へ）

2 韓国語のみの音声

①聞き取り、書き取り、リピーティング、シャドーイングなど、さまざまな練習ができるよう、見出し語と代表例文を読み上げた韓国語だけの音声を準備しました（☞ P.272「代表例文一覧」参照）。

②代表例文だけでなくその他例文も含めた、全例文の音声も用意しました。①と同一の形式で、見出し語と例文音声のみ（例文訳の音声はなし）となっています。

▌ 凡例

1. 本書で用いる用語について

各項目に表題として挙げた、語尾、表現、助詞、接尾辞などの文法項目の総称として、原書では「表現文型」「文型」という用語を用いています。本書では原書にならい、本のタイトルで「表現文型」を、本文中では「文型」を用いました。また、本書では複数の語尾や単語から成る文型を「表現」と呼ぶことにします。

2. 原書からの変更点

韓国語の原書は、韓国で行われている外国人のための韓国語教育に対応した内容となっています。本書では、日本で韓国語を勉強する学習者向けに、以下のような改訂を行いました。

1) 全体を大きく3つの章に分け、第1章に文（節）を連結する語尾や表現など、第2章に文を終結する語尾や表現など、第3章にその他の語尾や表現を配列しました。

2) 原書では簡略に示されていた「接続形式」を、接続例とともに具体的に示しました。なお、「接続形式」部分の原稿は小社書籍編集部で執筆・追加しました。

3) 原書には音声が付属していませんが、本書では小社が録音・構成した音声を用意しました。

HANA書籍編集部

音声ダウンロードについて
本書の音声は、小社ホームページ（https://www.hanapress.com）からダウンロードできます。トップページの「ダウンロード」バナーから該当ページに移動していただき、パスワードをご入力ください。本書のパスワードは「gzs9tvk0」（全て半角、アルファベットは小文字）です。

第1章

連結の文型

01 -아/어서

連結語尾 〜して、〜するので・(な) ので

◁)) 해서

接続形式

| 動 形 の陽語幹 | + -아서 | 例 가서, 아파서, 좋아서 |
| 動 形 の陰語幹、이다 있다 | + -어서 | 例 먹어서, 기뻐서, 있어서 |

用法 1 後続する事柄に先行する動作を表す (順序／前提条件)。

◁)) ① 선물을 **사서** 친구에게 주었어요.
プレゼントを買って、友達にあげました。

 TIP!
> 前節は後節の前提条件となる。つまり、前節の行為が起こらないと後節の行為は起こらない。前節と後節の主語は同一である。

② 병원에 **가서** 주사를 맞았어요.
病院に行って、注射を打ってもらいました。

③ 수미는 친구를 **만나서** 이야기를 합니다.
スミは友達に会って、話をします。

④ 한국에 **와서** 한국어를 배워요.
韓国に来て、韓国語を習います。

⑤ 종이에 이름과 주소를 **써서** 내세요.

紙に名前と住所を書いて、出してください。

練習1　**-아/어서**を使って、2つの文をつなげてみましょう。

先行の事柄	後続の事柄
例 아침에 일어납니다.	운동합니다.
❶ 사진을 찍습니다.	친구에게 보여 주고 싶습니다.
❷ 꽃을 삽니다.	선생님께 드렸습니다.

例 아침에 일어나서 운동합니다.

❶

❷

例 朝起きます。　　運動します。
❶ 写真を撮ります。　友達に見せたいです。
❷ 花を買います。　　先生に差し上げました。
例 朝起きて、運動します。

用法 2　前節の事柄が後節の事柄に対して理由・原因になることを表す（理由）。

① 아파서 학교에 못 갔어요.

体調が悪くて、学校に行けませんでした。

TIP! 前節の主語と後節の主語は異なっても構わない。文末にも使える。

② 요즘 일이 많아서 바쁩니다.

最近仕事が多くて、忙しいです。

③ 그 가수는 노래를 잘 불러서 인기가 많아요.

その歌手は歌が上手なので、人気があります。

④ 잘 몰라서 선생님께 질문합니다.

よく分からないので、先生に質問します。

⑤ 다른 일이 생겨서 약속을 못 지키겠어요.

他の用事ができたので、約束を守ることができそうもありません。

練習2　**-아/어서**を使って、2つの文をつなげてみましょう。

理由	結果 (過去、現在、未来)
例 그 옷은 비쌉니다.	사지 않았습니다.
❶ 시끄럽습니다.	아기가 깼습니다.
❷ 그 친구는 성격이 좋습니다.	모든 친구들이 좋아합니다.

例 그 옷은 비싸서 사지 않았습니다.

❶ _____

❷ _____

> 例 その服は高いです。　　　　買いませんでした。
> ❶ うるさいです。　　　　　　赤ちゃんが目を覚ましました。
> ❷ その友達は性格がいいです。　友達みんなが好きです。
> 例 その服は高かったので、買いませんでした。

練習3　韓国語を勉強している美絵さんと友達のユンミさんとの会話です。**-아/어서**を使って、理由を述べてみましょう。

윤미: 왜 한국어를 공부해요?

미에: 한국에 관심이 많아서요.

윤미: 왜 한국에 관심이 많아요?

미에: ❶ _____ (한국 드라마를 좋아하다)

윤미: 왜 한국 드라마를 좋아해요?

미에: ❷ _____ (배우들이 연기를 잘하다)

> ユンミ：なぜ韓国語を勉強するのですか？
> 美　絵：韓国にすごく興味があるからです。
> ユンミ：なぜ韓国に興味がありますか？
> 美　絵：韓国ドラマが好きで韓国に興味があります。
> ユンミ：なぜ韓国ドラマが好きですか？
> 美　絵：俳優たちの演技がうまいので韓国ドラマが好きです。

どうして間違い？

❶ 한국에 왔어서 한국어를 배워요.

❷ 어제 피곤했어서 일찍 잤어요.

❸ 집에 갔어서 쉬었어요.

❹ 선생님은 가르쳐서 학생들은 배워요.

比較すると？　⇨ P.20、P.26、P.32、P.52、P.75

02 -(으)니까

◁)) 하니까

連結語尾　〜**するから・(だ)から、〜したら**

接続形式

動 形 の母音語幹や ㄹ語幹、이다	+ -니까	例 가니까, 만드니까, 아프니까, 학생이니까
動 形 の子音語幹、 있다	+ -으니까	例 먹으니까, 좋으니까, 있으니까

用法 1　前節が原因で後節が起きることを表す（理由）。

◁)) ① **자리가 없으니까 잠시 기다려 주세요.**
席がないので、しばらくお待ちください。

② **더우니까 창문을 여세요.**
暑いから、窓を開けてください。

③ **네가 없으니까 심심하다.**
おまえがいないから、退屈だよ。

④ **오늘은 바쁘니까 내일 만날까요?**
今日は忙しいから、明日会いましょうか?

⑤ **좋은 사람이니까 한번 만나 보세요.**
いい人だから、一度会ってみてください。

⑥ **추우니까 옷을 따뜻하게 입어요.**
　寒いから、暖かい服を着てください。

⑦ **시끄러우니까 조용히 하세요.**
　うるさいから、静かにしてください。

練習1 **-(으)니까**を使って、2つの文をつなげてみましょう。

❶ 길이 막힙니다. /지하철을 탑시다.

_____

❷ 유명한 관광지입니다. /한번 가 볼까요?

_____

❸ 이 표현이 중요합니다. /외우세요.

_____

❶道が混んでいます。　地下鉄に乗りましょう。
❷有名な観光地です。　一度行ってみましょうか。
❸この表現は重要です。　覚えてください。

比較すると?

한국이 좋아서 한국에 왔어요.　韓国が好きで韓国に来ました。
☞ 一般的な理由を述べる場合。柔らかいニュアンス。

한국이 좋으니까 한국에 왔어요.　韓国が好きだから韓国に来ました。
☞ 質問に対する答えとして使う。特に理由を強調したい場合。

用法 2 前節の事柄が起きてから後節の事柄を認知することを
表す（発見）。

 ① **친구한테 전화하니까 안 받아요.**

友達に電話したら、出ませんでした。

> **TIP!**
> 「発見」の-(으)니까は-아/어서に入れ替えると不自然な文になってしまう。
> **친구한테 전화해서 안 받아요.**は間違った表現。

② **집에 가니까 아무도 없었어요.**

家に帰ったら、誰もいませんでした。

③ **아침에 일어나니까 8시였어요.**

朝起きたら、8時でした。

④ **백화점에 가니까 쉬는 날이었어요.**

デパートに行ったら、休みでした。

⑤ **한국어를 배워 보니까 재미있어요.**

韓国語を習ってみたら、楽しいです。

練習2 -(으)니까を使って、2つの文をつなげてみましょう。

先に起こったこと	後で起こったこと
例 아침에 일어나서 시계를 보았습니다.	7시였습니다.
❶ 학교에 갔습니다.	교실에 아무도 없었습니다.
❷ 혼자 교실에 앉아 있었습니다.	교실 밖이 조용했습니다.
❸ 20분 정도 기다렸습니다.	친구들이 모두 왔습니다.

例 아침에 일어나서 시계를 보니까 7시였습니다.

❶ _____

❷ _____

❸ _____

例 朝起きて時計を見ました。　　　7時でした。
❶ 学校に行きました。　　　　　教室に誰もいませんでした。
❷ 一人で教室に座っていました。　教室の外は静かでした。
❸ 20分ほど待ちました。　　　　友達がみんな来ました。
例 朝起きて時計を見たら、7時でした。

どれが正しい？

❶ 시험이 (있어서/있으니까) 열심히 공부하세요.
試験があるので、一生懸命勉強してください。

❷ 시험이 (있어서/있으니까) 열심히 공부합시다.
試験があるので、一生懸命勉強しましょう。

❸ 시험이 (있어서/있으니까) 열심히 공부할까요?
試験があるので、一生懸命勉強しましょうか？

❹ 수업이 끝나고 집에 (가서/가니까) 아무도 없었어요.
授業が終わって家に帰ると、誰もいませんでした。

❺ 필요한 책이 있어서 도서관에 (가서/가니까) 책을 빌리려고
합니다.
必要な本があるので、図書館に行って、本を借りようと思います。

比較すると？ ⇨ P.40

<table>
<tr><td>**03**
連結語尾</td><td>**-고**
～して・で・て</td><td>◁)) 하고</td></tr>
</table>

接続形式

用 + **-고**　例 가고, 먹고, 좋고, 학생이고, 있고

用法 1　2つ以上の事柄を並べる時に用いる (羅列)。

◁)) ① **나는 책을 읽고 동생은 텔레비전을 봅니다.**
　　私は本を読んで、弟はテレビを見ます。

 前後が入れ替わっても意味は変わらない。前後の主語が同じ場合もあり、
異なる場合もある。

② **말하기도 배우고 쓰기도 배웁니다.**
　　話し方も習って書き方も習います。☞ 前後の主語が同じ

③ **이 가게에서는 책도 팔고 잡지도 팝니다.**
　　この店では本も売って雑誌も売ります。☞ 前後の主語が同じ

④ **나는 학교에서 친구도 만나고 공부도 해요.**
　　私は学校で友達にも会って勉強もします。☞ 前後の主語が同じ

⑤ **어머니는 주부이고 아버지는 회사원입니다.**
　　母は主婦で父は会社員です。☞ 前後の主語が異なる

⑥ 설탕은 달고 소금은 짜요.

　　砂糖は甘くて塩は塩辛いです。☞ 前後の主語が異なる

練習 ご家族は何人ですか。あなたはお幾つですか。ご家族はどんな仕事をしていますか。-고を使って家族の紹介をしてみましょう。
まず次のパターンで練習してから自分の家族を紹介してみましょう。

가족소개

안녕하세요. 우리 가족을 소개하겠습니다.

우리 가족은 모두 5명이고 부모님과 언니, 남동생이 있습니다.

저는 26살(스물여섯 살)이고 대학원생입니다.

아버지는 ❶ _____

어머니는 ❷ _____

언니는 　❸ _____

남동생은 ❹ _____

例 아버지(52살/회사원), 어머니(50살/주부), 언니(28살/교사),
남동생(25살/은행원)

家族の紹介

こんにちは。私の家族を紹介します。

私の家族は全部で5人で、両親と姉、弟がいます。

私は26歳で大学院生です。

父は ❶

母は ❷

姉は ❸

弟は ❹

例 父 (52歳／会社員)、母 (50歳／主婦)、姉 (28歳／教師)、
弟 (25歳／銀行員)

比較すると？

文型	前節と後節との関係	意味
-아/어서	前節の事柄が成立しないと後節の事柄も成立しにくい。	後節の前提条件
-고	前節と後節は関連性がなくても構わない。	単純な時間的順序

用法 2 前節の事柄が成立してから後節の事柄が成立すること
を表す (順序)。

◁)) ① 나는 밥을 먹고 이를 닦습니다.

私はご飯を食べて歯を磨きます (私はご飯を食べた後、歯を磨きます)。

TIP! 前後の節が入れ替わると意味が変わってしまう。

② 수업이 끝나고 도서관에 가려고 합니다.

授業が終わって、図書館に行くところです。

③ 책을 잘 읽고 느낀 점을 공책에 써 오세요.

本をよく読んで、感じたことをノートに書いてきてください。

④ 운동을 하고 샤워를 합니다.

運動をして、シャワーを浴びます。

違いは何？

학교에 가서 공부해요. (学校に行く➡その学校で勉強する)
학교에 가고 공부해요. (学校に行く➡その後に勉強する)

친구를 만나서 공부해요. (友達に会う➡その友達と一緒に勉強する)
친구를 만나고 공부해요. (友達に会う➡その後に勉強する)

比較すると？ ⇨ P.32

<table>
<tr><td>**04**
連結語尾</td><td>**-(으)면서**
～しながら</td><td>◁)) 하면서</td></tr>
</table>

接続形式

動 の母音語幹や=語幹 **+ -면서**   例 가면서, 만들면서

動 の子音語幹、있다 **+ -으면서**   例 먹으면서, 있으면서

☞ 있다と一緒に使われるが、없다とは使われない。

用法　2つ以上の動作が同時に行われることを表す（同時動作）。

◁)) ① 텔레비전을 보면서 식사를 해요.
テレビを見ながら食事をします。

 ある動作が同時に起こる。前後が入れ替わっても意味は変わらない。前後の主語は同じである。-(으)면서の書き言葉には-(으)며がある。

② 음악을 들으면서 춤을 춥니다.
音楽を聞きながら踊ります。

③ 이야기를 하면서 커피를 마셔요.
話をしながらコーヒーを飲みます。

④ 학교에 다니면서 회사에 다녔어요.
学校に通いながら会社に通いました。

⑤ 공부하**면서** 사전을 봅니다.

　勉強しながら辞書を引きます。

練習　次のうち、2つ同時に行える動作はありますか。同時にできることを、-(으)면서を使ってなるべく多く言ってみましょう。

식사를 하다	담배를 피우다	이야기를 하다
음악을 듣다	웃다	공부를 하다
노래를 부르다	거리를 구경하다	전화를 받다
차를 마시다	텔레비전을 보다	운전하다
다른 생각을 하다	춤을 추다	걷다

例 음악을 들으면서 춤을 춥니다.

❶ _____

❷ _____

❸ _____

食事をする	たばこを吸う	話をする
音楽を聞く	笑う	勉強をする
歌う	街を見物する	電話を取る
お茶を飲む	テレビを見る	運転する
他の事を考える	踊る	歩く
例 音楽を聞きながら踊ります。		

比較すると?　⇨ P.32

接続形式

動 形 の母音語幹やㄹ語幹、이다 + -며	例 가며, 만들며, 아프며, 학생이며
動 形 の子音語幹、있다 + -으며	例 먹으며, 좋으며, 있으며

用法1 2つ以上のことを同時に述べる時に用いる（羅列）。

◁)) ① 그 사람은 키가 크며 성격도 좋아요.

その人は背が高くて、性格もいいです。

TIP! 前後が入れ替わっても意味は変わらない。前後の主語が同じ場合と異なる場合がある。-고を代わりに使うことができるが、-(으)며は書き言葉のニュアンス。

② 부모님은 고향에 계시며 나는 한국에서 삽니다.

両親は故郷におり、私は韓国に住んでいます。

用法 2　2つ以上のことが同時に行われることを表す（同時動作）。

🔊 ① **동생이 음악을 들으며 공부합니다.**

弟（妹）が音楽を聞きながら勉強しています。

TIP! 前後が入れ替わっても意味は変わらない。前後の動作が同時に起きる。前後の主語が同じである。-(으)면서を代わりに使うことができるが、-(으)며は書き言葉のニュアンス。

② **나는 텔레비전을 보며 식사를 해요.**

私はテレビを見ながら食事をします。

③ **누나가 학교에 다니며 회사에 다녔어요.**

姉は学校に通いながら会社に通いました。

比較すると?

文型	羅列	順序	同時動作	理由
-아/어서		○		○
-고	○	○		
-(으)면서			○	
-(으)며	○		○	

-아/어서　❶ 順序 : 아침에 일어나서 운동을 해요.

　　　　　　　　朝起きて運動をします。

　　　　　❷ 理由 : 더워서 창문을 열었어요.

　　　　　　　　暑くて窓を開けました。

-고　　　　❶ 羅列 : 저는 학교에 다니고 누나는 회사에 다녀요.

　　　　　　　　私は学校に通って、姉は会社に通っています。

　　　　　❷ 順序 : 수업이 끝나고 집에 가요.

　　　　　　　　授業が終わって家に帰ります。

-(으)면서　❶ 同時動作 : 음악을 들으면서 춤을 춰요.

　　　　　　　　　音楽を聞きながら踊ります。

-(으)며　　❶ 羅列 : 저는 학교에 다니며 누나는 회사에 다닙니다.

　　　　　　　　私は学校に通って、姉は会社に通っています。

　　　　　❷ 同時動作 : 음악을 들으며 춤을 춥니다.

　　　　　　　　　音楽を聞きながら踊ります。

06 -(으)러

◁)) 하러

連結語尾　〜しに

接続形式

動 の母音語幹やㄹ語幹 + **-러** + 移動動詞 (가다, 오다, 나가다など)
例 공부하러 가다, 만들러 가다

動 の子音語幹 + **-으러** + 移動動詞 (가다, 오다, 나가다など)
例 먹으러 가다, 찾으러 가다

用法　何かをするためにどこかへ行くことを表す (移動の目的)。

◁)) ① 책을 사러 서점에 가요.
　本を買いに、書店に行きます。

② 한국어를 배우러 한국에 왔습니다.
　韓国語を習いに、韓国に来ました。

③ 친구를 만나러 시내에 나갑니다.
　友達に会いに、市内へ行きます。

④ 옷을 사러 백화점에 갔어요.
　服を買いに、デパートへ行きました。

⑤ 돈을 찾으러 은행에 가요.
　お金を下ろしに、銀行に行きます。

練習 よく行く場所はどこですか。なぜそこに行きますか。**-(으)러 ~에 갑니다**を使って表現してみましょう。

場所 : 가게, 백화점, 극장, PC방, 노래방, 식당, 주유소,
부동산, 병원, 서점, 우체국

例 우유를 사러 가게에 갑니다.

❶ _____

❷ _____

❸ _____

❹ _____

❺ _____

店、デパート、劇場 (映画館)、ネットカフェ、カラオケ、食堂、ガソリンスタンド、
不動産屋、病院、書店、郵便局

例 牛乳を買いに、店へ行きます。

比較すると？ ⇨ P.38

07 -(으)려고

連結語尾

◁)) 하려고

～しようと

接続形式

動 の母音語幹やㄹ語幹 + -려고　　例 가려고, 만들려고

動 の子音語幹、있다 + -으려고　　例 먹으려고, 있으려고

☞ 있다と一緒に使われるが、없다とは使われない。

用法 1 自分の計画を述べたり、他の人の計画を尋ねたりするときに用いる (計画)。-(으)려고 하다 の形で使われる。

① 내년에 고향에 돌아가려고 해요.

来年、故郷へ帰ろうと思います。

TIP! 会話では-(으)려고(요)を文末でよく使う。上記の例の場合、내년에 고향에 돌아가려고요.になる。

② 저는 1년 동안 한국어를 배우려고 합니다.

私は1年間韓国語を学ぼうと思います。

③ 친구와 영화를 보려고요.

友達と映画を見ようと思います。

④ 한국어 공부를 마치고 무엇을 하려고 해요?

韓国語の勉強を終えて、何をしようと思いますか？

用法 2　何かをするために他のことをすることを表す（意図）。

🔊 ① **친구에게 주려고 꽃을 샀어요.**
友達にあげようと花を買いました。

② **일찍 일어나려고 일찍 자요.**
早く起きようと早く寝ます。

③ **살을 빼려고 조금만 먹어요.**
ダイエットしようと少しだけ食べます。

④ **물을 마시려고 냉장고를 열었어요.**
水を飲もうと冷蔵庫を開けました。

練習　次の質問に対して、かっこ内の語と**-(으)려고요**を使って答えてみましょう。

❶ 가: 주말에 뭐 하려고요? (영화를 보다)
　나: ＿＿＿＿＿＿＿＿＿＿＿ 려고요.

❷ 가: 누구랑 보려고요? (외국 친구)
　나: ＿＿＿＿＿＿＿＿＿＿＿ 려고요.

❸ 가: 어디에서 보려고요? (서울 극장)
　나: ＿＿＿＿＿＿＿＿＿＿＿ 려고요.

❹ 가: 친구를 몇 시에 만나려고요? (오후 2시)

　　나: ＿＿＿＿＿＿＿＿＿＿＿ 려고요.

> ❶ 週末に何をしようと思いますか？（映画を見る）
> ❷ 誰と見ようと思いますか？（外国人の友達）
> ❸ どこで見ようと思いますか？（ソウル劇場）
> ❹ 何時に友達に会おうと思いますか？（午後２時）

> どれが正しい？

❶ 주말에 영화 (보러/보려고) 갑시다.

週末に映画を見に行きましょう。

❷ 언제 고향에 (가러/가려고) 하세요?

いつ故郷に帰ろうとお考えですか？

❸ 친구를 (만나러/만나려고) 시내에 갑니다.

友達に会いに市内へ行きます。

❹ 2호선으로 (갈아타러/갈아타려고) 시청역에서 내렸어요.

2号線に乗り換えようと市庁駅で降りました。

07　-(으)려고

比較すると？

文型	意味	後節	入れ替えられる表現
-(으)러	目的	移動動詞 (가다、오다など)	-(으)려고
-(으)려고	意図、計画	・하다 ・他の動詞	-(으)러に入れ替えられないときがある

❶ 한국어 공부하려고 한국에 왔어요.

韓国語を勉強しようと韓国へ来ました。

➡ 한국어 공부하러 한국에 왔어요.（○）

韓国語を勉強しに韓国へ来ました。

❷ 친구에게 주려고 선물을 샀어요.

友達にあげようとプレゼントを買いました。

➡ 친구에게 주러 선물을 샀어요.（×）

比較すると？ ⇨ P.164

38

08 -는/(으)ㄴ데

🔊 하는데, 한데

連結語尾 〜するけど・(だ)けど、〜するのに・(な)のに

接続形式

動 있다 + -는데 例 가는데, 먹는데, 있는데

形 の母音語幹やㄹ語幹、이다 + -ㄴ데 例 아픈데, 먼데, 학생인데

形 の子音語幹 + -은데 例 작은데, 좋은데

用法 1 何かを話し出すにあたって、先に状況を説明するときに用いる（状況の説明）。前置きの表現としてよく使われる。

🔊 ① 요즘 한국무용을 배우는데 아주 재미있어요.

このごろ、韓国舞踊を習っているんですが、とても楽しいです。

② 오늘 내 생일인데 우리 집에 놀러 와.

今日、私の誕生日なんだけど、家に遊びに来て。

③ 백화점에 가려고 하는데, 같이 갈래요?

デパートに行こうとしているんですが、一緒に行きますか？

④ 어제 고향에 전화했는데 부모님이 기뻐하셨어요.

昨日、故郷に電話をしたんですが、両親が喜んでくれました。

⑤ 감기에 걸렸는데 병원에 안 가요?

風邪をひいたのに、病院へ行かないんですか？

⑥ 생활비가 모자라는데 큰일이에요.

生活費が足りないので大変です。

⑦ 날씨가 좋은데 산에 갈까요?

天気もいいし山へ行きましょうか？

比較すると？

文型	状況の説明	理由の強調
-는/(으)ㄴ데	○	
-(으)니까		○

違いは何？

❶ 날씨가 좋은데 산에 갈까요?　天気もいいし山へ行きましょうか？

☞ 状況を説明してから山に行こうと誘う。

날씨가 좋으니까 산에 갈까요?　天気がいいから山へ行きましょうか？

☞ 山へ行こうと誘う理由は、天気がいいからである。

❷ 추운데 창문을 닫으세요.　寒いので窓を閉めてください。

☞ 寒いという状況を説明する。

추우니까 창문을 닫으세요.　寒いから窓を閉めてください。

☞ 窓を閉める理由を強調する。

用法 2 2つのことを比較して話すときに用いる（比較）。

◁)) ① 운동은 잘하는데 노래는 못해요.

運動はできますが、歌は下手です。

TIP! 前後が入れ替わっても意味は変わらない。

② 키는 큰데 발은 작아요.

背は高いけど、足は小さいです。

③ 말하기는 쉬운데 쓰기는 어려워요.

話すのはやさしいけど、書くのは難しいです。

用法3 前節での期待が外れ、後節に反対の結果が現れることを表す（対照／期待外れ）。

 ① 날씨가 더운데 코트를 입었어요.

暑いのにコートを着ています。

TIP! 前節と後節を入れ替えることはできない。

② 항상 열심히 공부하는데 시험을 못 봐요.

いつも一生懸命勉強しているのに、試験はうまくいきません。

③ 좋아하는 사람이 있었는데 헤어졌어요.

好きな人がいましたが、別れました。

④ 시간이 많았는데 아무것도 못 했어요.

時間はたくさんあったのに、何もできませんでした。

比較すると? ⇨ P.73

09 (아무리) -아/어도　◁)) 해도

| 連結語尾 | (どんなに) ～しても・でも |

接続形式

動 形 の陽語幹　　　　　+ **-아도**　例 가도, 아파도, 좋아도

動 形 の陰語幹、이다 있다 + **-어도**　例 먹어도, 기뻐도, 있어도

用法　前節とは関係なく後節が起きることを表す (対照)。

◁))
① **바빠도 식사는 합니다.**

忙しくても、食事はします。

② 잠을 못 **자도** 공부해야 합니다.

眠れなくても、勉強しなければなりません。

③ 아무리 아파도 병원에 가지 않습니다.

どんなに体調が悪くても、病院へ行きません。

TIP!　強調する場合は**아무리** (どんなに、いくら) と一緒に使う。

④ 힘들어도 참아요.

苦しくても、我慢します。

⑤ 부모님을 보고 싶어도 볼 수 없습니다.

両親に会いたくても、会えません。

⑥ 아무리 하고 싶어도 할 수 없는 일이 있습니다.

いくらやりたくても、できないことがあります。

| 練習 | 次の左右の表現をつないで**아무리 -아/어도**の文を作ってみましょう。 |

例 노력하다 •　　　　　• 울지 않다

❶ 힘들다 •　　　　　• 사고 싶은 것을 사다

❷ 깨끗이 청소하다 •　　　• 할 수 없는 일이 있다

❸ 돈이 없다 •　　　　　• 금방 더러워지다

例 아무리 노력해도 할 수 없는 일이 있습니다.

❶ _____

❷ _____

❸ _____

例 努力する •　　　　　• 泣かない

❶ 大変だ •　　　　　• 買いたいものを買う

❷ きれいに掃除する •　　　• できないことがある

❸ お金がない •　　　　　• すぐに汚れる

例 どんなに努力してもできないことがあります。

10 -자

◁)) 하자

連結語尾 　～すると

接続形式

動 + -자 　例 가자, 먹자, 만들자

用法 前節の内容が成立した後、後節の結果が現れることを表す（結果）。

◁)) ① 창문을 열자 바람이 들어왔어요.

窓を開けると、風が入ってきました。

TIP! 前節が後節の条件になる。後節には過去形が来る。

② 시끄러운 소리가 나자 아기가 울었어요.

うるさい音がすると、赤ちゃんが泣きました。

③ 시험 기간이 되자 도서관에 학생들이 많아졌어요.

試験期間になると、図書館に学生たちが多くなりました。

④ 선생님이 교실에서 나가시자 학생들이 일어났어요.

先生が教室から出ると、学生たちが立ち上がりました。

比較すると？ ⇨ P.47

11 -자마자

連結語尾 ~するとすぐに

◁)) 하자마자

接続形式

動 + -자마자   例 가자마자, 먹자마자, 만들자마자

用法 前節の動作が終わってから、すぐに後節の動作が起きる
ことを表す（動作連結）。

◁)) ① 아침에 일어나**자마자** 물을 마셔요.

朝起きるとすぐに、水を飲みます。

② 집에 오**자마자** 옷을 갈아입어요.

家に帰るとすぐに、服を着替えます。

③ 한국에 오**자마자** 한국어를 배우기 시작했어요.

韓国に来るとすぐに、韓国語を習い始めました。

④ 졸업하**자마자** 취직할 거예요.

卒業したらすぐに、就職するつもりです。

⑤ 방학이 되**자마자** 여행 가려고 해요.

休みになるとすぐに、旅行に行こうと思います。

比較すると？

文型	話し言葉と書き言葉	動作連結の意味 (あることが終わってからすぐに)	結果の意味 (あることが起きた後で)	後節の時制
-자	話し言葉 ＜ 書き言葉	○	◎	過去
-자마자	話し言葉 ＞ 書き言葉	◎	×	過去、現在、未来

どうして間違い？

❶ 창문을 열자 닫았어요.

❷ 아침에 일어나자 물을 마셨어요.

❸ 고향에 가자 친구를 만날 거예요.

❹ 저는 매일 학교에 가자 책을 읽습니다.

12 -느라(고)

連結語尾 〜しているため

◁))) 하느라고

接続形式

動 있다 + -느라고　例 가느라고, 먹느라고, 만드느라고, 있느라고

☞ 있다と一緒に使われるが、없다とは使われない。

用法 前節に時間や労力がかかり、そのため後節の結果が生じることを表す（理由）。

◁))) ① 요즘 시험 공부를 하느라고 놀지 못해요.

最近、試験勉強をしているため、遊べません。

TIP! 前節と後節の主語は同じ。前節に안や못のような否定は使えない。後節にはよくないことが現れる場合が多い。

② 결혼 준비 하느라고 바빴어요.

結婚の準備をしているので、忙しかったです。

③ 엄마가 아이를 보느라고 하루 종일 쉬지 못해요.

お母さんが子守のため、1日中休めません。

④ 이사하느라고 정신이 없어요.

引っ越しの準備のため、とても忙しいです。

⑤ 요즈음 뭐 하느라고 그렇게 바빠요?

　このごろ、なんでそんなに忙しいですか？

練習 久々に電話で話し合う2人の友達の会話です。**-느라고**を使って質問に答えてみましょう。

가: 요즘 왜 그렇게 연락을 안 하니?

나: ❶ _____ 바빴어. (시험

　공부를 하다)

가: 공부는 많이 했니?

나: 아니, ❷ _____ 공부를

　많이 하지는 못했어. (아르바이트를 하다)

가: 학비를 버느라고 바쁘구나.

나: 아니, 사실은 ❸ _____

　아르바이트 하는 거야. (데이트 비용을 벌다)

가: 뭐라고?

> カ：最近、なんでそんなに連絡してこないの？
> ナ：試験勉強で忙しかったんだ。
> カ：勉強は、うまくいっている？
> ナ：いや。アルバイトのせいであまりできなかったんだ。
> カ：学費を稼ぐために忙しいんだな。
> ナ：いや。実はデート費用のためにアルバイトをやっているんだ。
> カ：何だって？

どれが正しい？

❶ 시간이 (없어서/없느라고) 친구를 만날 수 없습니다.

時間がないので友達に会えません。

❷ 공부를 열심히 (해서/하느라고) 시험을 잘 봤어요.

勉強を一生懸命にしたので、試験がうまくいきました。

❸ 지하철을 (못 타서/못 타느라고) 학교에 늦었어요.

地下鉄に乗り遅れて、学校に遅れました。

❹ 늦게 (일어나서/일어나느라고) 학교에 지각했어요.

遅く起きたので、学校に遅刻しました。

❺ 아침마다 (화장해서/화장하느라고) 시간이 걸립니다.

毎朝、化粧をするのに時間がかかります。

❻ 텔레비전을 (봐서/보느라고) 중요한 약속을 잊어버렸습니다.

テレビを見ていたので、大事な約束を忘れてしまいました。

13 -는 바람에

🔊 하는 바람에

表現 〜したために、〜なので

接続形式

動 + -는 바람에 　例 가는 바람에, 먹는 바람에, 만드는 바람에

用法　予想できないことのために、後でよくない結果が来ることを表す時 (理由)。

🔊 ① **교통사고가 나는 바람에** 병원에 입원하게 되었어요.

交通事故のせいで (が起きたために)、病院に入院することになりました。

➡ 交通事故が起きたのは自分の意志ではない。

② **아침에 늦잠을 자는 바람에** 학교에 지각했어요.

朝寝坊して、学校に遅刻しました。

➡ 朝寝坊したのは自分の意志ではない。

③ **물가가 오르는 바람에** 생활이 더 어려워지고 있어요.

物価が上がったために、生活がより厳しくなってきています。

④ **갑자기 아이가 생기는 바람에** 일을 그만두었어요.

急に子供ができてしまったために、仕事をやめました。

⑤ 시험을 못 보는 **바람에** 진급을 못 했습니다.

試験がうまくいかなかったため、進級できませんでした。

⑥ 지하철이 고장 나는 **바람에** 회사에 늦게 갔습니다.

地下鉄が故障したために、会社に遅刻しました。

比較すると？

아침에 늦잠을 자서 학교에 지각했다.

朝寝坊をして、学校に遅刻した。

☞ 遅刻した理由のみ、話している。

아침에 늦잠을 자는 바람에 학교에 지각했다.

朝寝坊をしたため、学校に遅刻した。

☞ 遅刻した理由と、寝坊するつもりではなかったという気持ちが込められている。

14 -다가는

연결어미 ～したら

◁)) 하다가는

接続形式

動 있다 + -다가는　　例 가다가는, 먹다가는, 있다가는

☞ 있다と一緒に使われるが、없다とは使われない。

用法　前節の行動を繰り返すと、悪い結果が出るかもしれないと心配するときに用いる (心配)。

◁)) ① 그렇게 술을 많이 마시다가는 큰일 나요.

そんなにお酒をいっぱい飲んだら、大変なことになりますよ。

 「이렇게 (こんなに)」「그렇게 (そんなに)」「저렇게 (あんなに)」などの表現と一緒に使う。縮約して言う場合は-다간。

② 그렇게 놀다가는 시험에서 떨어질 텐데…….

そんなに遊んでばかりいたら、試験に落ちるだろうに……。

③ 이렇게 사탕을 많이 먹다가는 이가 썩을 거예요.

こんなにあめをいっぱい食べたら、虫歯になりますよ。

④ 담배를 계속 피우다가는 건강이 나빠질 거예요.

たばこを吸い続けたら、体を悪くすると思いますよ。

⑤ 과자를 저렇게 매일 먹다가는 살이 찔 거예요.

お菓子をあんなに毎日食べていたら、太ると思いますよ。

⑥ 술을 마시고 운전하다가는 사고가 나요.

お酒を飲んで運転したら、事故が起きますよ。

⑦ 엄마한테 자주 거짓말을 하다가는 야단맞아요.

お母さんにしょっちゅううそをついたら、怒られますよ。

⑧ 도둑질을 하다가는 감옥에 가요.

泥棒をしたら、刑務所に行きますよ。

練習 **生活習慣のよくない友達がいます。この友達に-다가는を使って、その習慣を続けたらどうなるのか、言ってあげましょう。**

〈친구의 생활 습관〉

例 아침에 늦잠을 잡니다.

❶ 아침밥을 안 먹습니다.

❷ 이를 안 닦습니다.

❸ 하루 종일 컴퓨터 게임만 합니다.

〈친구에게 하고 싶은 말〉

例 아침에 늦잠을 자다가는 학교에 늦을 거예요.

❶ _____

❷ _____

❸ _____

┌─────────────────────────────────────┐
「友達の生活習慣」

例 朝寝坊をします。

❶ 朝ご飯を食べません。

❷ 歯磨きをしません。

❸ 1日中、コンピューターゲームばかりしています。

「友達にアドバイスしたいこと」

例 朝寝坊したら、学校に遅れると思います。
└─────────────────────────────────────┘

比較すると？ ⇨ P.60

15	**-다 보면**	◁)) 하다 보면
表現	~すると	

接続形式

動 있다 + **-다 보면**　　例 가다 보면, 먹다 보면, 있다 보면

☞ 있다と一緒に使われるが、없다とは使われない。

用法　前節の行動が繰り返し続けられることで、後節の結果が表れると推測するときに用いる (結果の推測)。

◁))　① 매일 한국 친구를 만나**다 보면** 한국어를 잘하게 될 거예요.

　　毎日韓国人の友達に会っていると、韓国語が上手になると思いますよ。

② 매일 열심히 공부하**다 보면** 자신감이 생길 거예요.

　毎日一生懸命に勉強をすると、自信が付くと思いますよ。

③ 그 사람과 몇 번 이야기하**다 보면** 어떤 사람인지 알게 될 거야.

　あの人と何回か話してみると、どんな人なのか分かるようになると思うよ。

④ 외국에서 혼자 살**다 보면** 고향이 그리워집니다.

　外国で一人で暮らしていると、故郷が懐かしくなります。

⑤ 텔레비전을 보**다 보면** 시간 가는 줄 모릅니다.

　ずっとテレビを見ていると、時間が経つのを忘れます。

<table>
<tr><td>練習</td><td>友達が、次のような心配をしています。これからどうすればいいか、-**다 보면**を使って友達に話してみてください（ぞんざいな言い方で）。</td></tr>
</table>

〈친구의 걱정〉

例 한국어 말하기를 잘하고 싶은데 너무 어려워.

❶ 나는 너무 뚱뚱해. 살을 빼고 싶어.

❷ 좋아하는 사람이 있는데 그 사람은 나를 좋아하지 않는 것 같아.

〈친구에게 하고 싶은 말〉

例 한국 친구와 자주 만나서 이야기하다 보면 잘하게 될 거야.

❶ ＿＿＿＿＿＿＿＿＿＿＿＿＿＿＿＿＿＿＿＿＿＿＿

❷ ＿＿＿＿＿＿＿＿＿＿＿＿＿＿＿＿＿＿＿＿＿＿＿

「友達の心配」
韓国語を上手に話したいけど、とても難しい。
私は太り過ぎている。やせたいの。
好きな人がいるけど、その人は私のことが好きではないみたい。

「友達に言いたいこと」
例 韓国人の友達と、しょっちゅう会って話したりすると、上手になると思うよ。

比較すると？　⇨ P.60

16 -다 보니까

표現 〜していたら

◁))) 하다 보니까

접속형식 接続形式

動 있다 + -다 보니까　　例 하다 보니까, 먹다 보니까, 있다 보니까

☞ 있다と一緒に使われるが、없다とは使われない。

用法 前節の行動を繰り返し続けた結果、後節の結果が表れたことを表す（表れた結果）。

◁))) ① **매일 운동하다 보니까 건강해졌어요.**

　　毎日運動していたら、健康になりました。

② **여러 번 듣다 보니까 그 노래를 다 외우게 되었어요.**

　　何度も聞いていたら、その歌を全部覚えてしまいました。

③ **매일 한국 친구를 만나다 보니까 한국어를 잘하게 되었어요.**

　　毎日韓国人の友達に会っていたら、韓国語が上手になりました。

④ **듣기 연습을 열심히 하다 보니까 몰라보게 실력이 늘었어요.**

　　聞き取りの練習を一生懸命にしていたら、驚くほど実力が伸びました。

⑤ **그 남자한테 너무 친절하게 해 주다 보니까 나를 사랑하게 되었나 봐요.**

　　あの男性にあまりに親切にしてあげていたら、私のことを好きになったみたいです。

⑥ **외국에서 혼자 살다 보니까 고향이 그립습니다.**

　外国で一人暮らしをしていると、故郷が懐かしくなります。

| 練習 | 大きな大会で優勝をした選手に、新聞記者が今までどうやって練習してきたかインタビューをします。選手はどう答えたらいいか、考えてみましょう。 |

選手が続けたこと	その結果
❶ 아침마다 명상을 했다.	집중력이 좋아졌다.
❷ 매일 3시간씩 뛰었다.	체력이 강해졌다.
❸ 외국 선수들의 기술을 비디오로 자주 봤다.	모르는 사이에 할 수 있게 되었다.

❶ 기자: 어떻게 그렇게 집중력이 좋습니까?

　선수: _____

❷ 기자: 몇 시간씩 뛰어도 피곤해하지 않는데 체력은 어떻게 관리하십니까?

　선수: _____

❸ 기자: 이번에 새로운 기술을 많이 보여 주셨는데 어떻게 연습하셨습니까?

　선수: _____

❶ 毎朝、瞑想 (めいそう) をした。集中力がよくなった。
❷ 毎日、3時間ずつ走った。体力が付いた。
❸ 外国の選手たちの技術を、ビデオでよく見た。気付かないうちにできるようになった。

❶ 記者：どうしてそんなに集中力がいいんでしょうか？
　選手：毎朝瞑想をしていたら、集中力がよくなりました。

❷ 記者：何時間走っても疲れていないようですが、体力の管理はどういうふうにされていますか？
　選手：毎日3時間ずつ走っていたら、体力が付きました。

❸ 記者：今回、新しい技術をたくさん見せてくれましたが、どうやって練習されましたか？
　選手：外国の選手たちの技術をビデオでよく見ていたら、気付かないうちできるようになりました。

比較すると？

文型	前節の行動	結果に対する態度
-다가는	数回 (頻度)	よくない結果を予想
-다 보면	絶えず続ける (持続)	結果を予想して言う
-다 보니까		表れた結果を言う

☞ -다가는、-다 보면、-다 보니까の後ろには、すべて結果が来る。

☞ -다가는と-다 보면の後ろに「一般的な結果」や「未来と結果の予測」が来る一方、-다 보니까の後ろには「表れた結果」が続く。

どれが正しい?

❶ 열심히 (공부하다가는/공부하다 보면/공부하다 보니까) 시험을 잘 볼 거야.

一生懸命に勉強していたら、試験がうまくいくと思うよ。

❷ 자주 (만나다가는/만나다 보면/만나다 보니까) 좋아지게 되었습니다.

しょっちゅう会っていたら、好きになりました。

❸ 그렇게 (떠들다가는/떠들다 보면/떠들다 보니까) 아기가 깨요.

そんなに騒いでいると、赤ちゃんが起きますよ。

17 -다(가)

連結語尾 ～しているうちに

◁))) 하다가

接続形式

用 + -다(가)   例 가다가, 먹다가, 좋다가, 학생이다가, 있다가

用法1 前節の事柄が途中で中断され、後節の事柄が起きることを表す（転換）。

◁)))
① 공부를 하다가 전화를 받아요.
勉強をしている途中で、電話に出ます。

② 학교에 오다가 책을 샀어요.
学校に来る途中で、本を買いました。

③ 설명을 듣다가 다른 생각을 했어요.
説明を聞いているうちに、他のことを考えました。

④ 5년 동안 일하다가 그만두었어요.
5年間働いていたが、やめました。

⑤ 외국에서 살다 한국으로 돌아왔어요.
外国で暮らしていたが、韓国へ帰りました。

TIP! しばしば가を省略して使う。

練習　さとみさんは、姉からおいの世話と家事を頼まれました。姉は、さとみさんが今日やるべきことを次のように教えました。

오늘 사토미가 해야 할 일

집안일: 방청소 하기, 설거지하기, 세탁기 돌리기, 전화 받기

조카 돌보기: 우유 먹이기, 기저귀 갈아 주기, 놀아 주기

次はさとみさんの日記です。どんな日記をつけたのでしょうか。**-다가**を使って完成させましょう。

사토미의 하루

**월 **일 **요일

오늘은 집안일과 조카를 봐 달라는 부탁을 받고 언니 집에 갔다. 먼저 방청소를 시작했다. 그런데 방청소를 하다가 전화가 와서 전화를 받았다. 방청소를 끝내고 설거지를 시작했다. 설거지를 ❶ _____ 조카가 울어서 우유를 먹였다. 우유를 ❷ _____ 조카가 오줌을 싸서 기저귀를 갈아 주었다. 그리고 조카와 놀아 주었다. 조카와 ❸ _____ 낮잠을 재우고 다시 집안일을 시작했다. 한참 동안 집안일을 ❹ _____ 피곤해서 조금 쉬었다. 조금 쉬다가 세탁기를 돌리기 시작했다. 세탁기를 ❺ _____ 배가 고파서 밥을 먹었다. 밥을 ❻ _____ 목이 말라서 물을 마셨다. 일을 다 끝내고 나니까 조카가 깼다. 그리고 언니도 돌아왔다. 정말 바쁜 하루였다.

今日さとみがやるべきこと

家事：部屋の掃除、皿洗い、洗濯機を回すこと、電話に出ること
おいの世話：ミルクを飲ませること、オムツを替えること、遊んであげること

さとみの1日

月日**曜日

今日は、家事とおいの世話を頼まれて姉の家に行った。まず、部屋の掃除を始めた。ところが、部屋の掃除をしているときに電話がかかってきて電話に出た。部屋の掃除を終えて、皿洗いを始めた。皿洗いを❶していたら、おいが泣いたのでミルクを飲ませた。ミルクを❷飲ませているうちに、おいがおしっこをしたのでオムツを替えてあげた。そして、おいと遊んであげた。おいと❸遊んであげてから、昼寝をさせて、また家事を始めた。しばらく家事を❹していたが、疲れて少し休んだ。少し休んでから、洗濯機を回し始めた。洗濯機を❺回していると、おなかがすいてきたのでご飯を食べた。ご飯を❻食べているとのどが渇いてきたので、水を飲んだ。家事を済ませたら、おいが起きた。そして、姉も帰ってきた。本当に忙しい1日だった。

違いは何？

밥을 먹다가 전화를 받아요.

ご飯を食べているときに、電話に出ます。

☞ 食事を中断して、電話に出る。

밥을 먹으면서 전화를 받아요.

ご飯を食べながら、電話に出ます。

☞ 食事をすることと電話に出ることを同時にする。

用法 2 前節の事柄が続きながら、後節の事柄が同時に起きる
ことを表す（付加）。

① 잠을 자다가 꿈을 꿨습니다.

寝ていて、夢を見ました。 ➡ 寝ながら夢を見ました。

TIP! この用法の場合は-(으)면서と入れ替えることができる。

② 길을 걷다가 애인 생각을 해요. (➡ 걸으면서)

道を歩いていて、恋人のことを考えます。

③ 영화를 보다가 웃어요. (➡ 보면서)

映画を見ていて、笑います。

比較すると？ ⇨ P.68

18 | -았/었다(가)

表現　〜してから、〜して

接続形式

動 形 の陽語幹 + **-았다(가)**　例 갔다가, 잡았다가, 맑았다가

動 形 の陰語幹、
이다 있다　+ **-었다(가)**　例 썼다가, 추웠다가, 친구였다가,
학생이었다가, 있었다가

用法 1　前節の事柄が完了した後に、相反するものが来ることを
表す（転換①）。前後の主語は同じ。

◁))
① 불을 **켰다가** 꺼요. (켜다 ⇄ 끄다)

電気をつけてから、消します。（つける ⇄ 消す）

② 앉**았다가** 일어납니다. (앉다 ⇄ 일어나다)

座ってから、立ち上がります。（座る ⇄ 立ち上がる）

③ 옷을 입**었다가** 벗어요. (입다 ⇄ 벗다)

服を着てから、脱ぎます。（着る ⇄ 脱ぐ）

④ 모자를 썼**다가** 벗어요. (쓰다 ⇄ 벗다)

帽子をかぶってから、脱ぎます。（かぶる ⇄ 脱ぐ）

⑤ 산에 올라갔**다가** 내려왔습니다. (올라가다 ⇄ 내려오다)

山に登ってから、下りてきました。（登る ⇄ 下りる）

⑥ 화장실에 **갔다** 올게요. (가다 ⇄ 오다)

トイレに行ってきますね。(行く ⇄ 来る)

TIP! 口語ではしばしば가を省略する。

用法 2 前節の事柄が終わった後、偶然、後節 (最初計画していなかったこと) が起きることを表す (転換②)。

① 옷을 사러 백화점에 **갔다가** 신발도 샀어요.

服を買いにデパートに行って、靴も買いました。

☞ デパートに靴を買いに行ったのではなかった。他のものを買いに行った。

TIP! 後節のために前節をしたという目的の意味はない。前後の主語は同じ。

② 학교에 **갔다가** 친구를 만났습니다.

学校に行って、友達に会いました。

☞ 学校に到着した。その後に友達に会った。しかし、最初から友達に会いに行ったのではない。

③ 시내에 **나왔다가** 서점에 들렀어요.

市内に出かけて、書店に寄りました。

☞ 市内に他の用事のため出かけた。最初から、書店に寄る計画はなかった。

比較すると？

文型	前節と後節との関係
-다가	前節の行動の途中で後節が起きる。
-았/었다가	前節の行動が終わった後、後節が起きる。

違いは何？

학교에 오다가 친구를 만났어요.

学校に来る途中で、友達に会いました。

☞ 学校に来る途中で、偶然、友達に会いました。

학교에 왔다가 친구를 만났어요.

学校に来たら、友達に会いました。

☞ 学校に着いた。学校で友達に会いました。

19 -아/어다(가)

◁» 해다가

連結語尾　〜して（きて・いって）

接続形式

動 の陽語幹 + -아다(가)　例 잡아다가, 사다가

動 の陰語幹 + -어다(가)　例 먹어다가, 써다가

用法　前節の内容が起きた後、場所が変わることを表す（目的語の場所移動）。

◁»
① 김밥을 사다가 먹었어요.

のり巻きを買ってきて食べました。

☞ のり巻きを買った場所 ≠ 食べた場所

 TIP!
> 사다가 주다 (=사다 주다) は、사 주다に似ているが、意味が異なる。-아/어 を使った사 주다は単に「買ってあげる」の意味だが、사다가 주다のように-아/어 다(가)を使うと「買ってきてあげる」という意味になり、場所の移動が含まれる。

② 도서관에서 책을 빌려다가 읽었어요.

図書館で本を借りてきて読みました。

☞ 本を読んだ場所 ≠ 図書館

③ 한국 음식을 만들어다가 외국 친구에게 갖다(가져다) 주었어요.

韓国の料理を作って、外国人の友達に持っていって、あげました。

☞ 料理を作った場所 ≠ 友達にあげた場所

④ 슈퍼에서 무엇을 **사다가** 드릴까요?

スーパーで何を買ってきましょうか？

☞ 物を買う場所 ≠ 物をあげる場所

⑤ 저기에 있는 사전 좀 **갖다** 주세요.

あそこにある辞書をちょっと持ってきてください。

☞ 辞書がある場所 ≠ 辞書を渡す場所

⑥ 가방이 무거우니까 제가 집까지 **들어다** 드릴게요.

かばんが重いから、私が家までお持ちします。

☞ 今かばんがある場所 ≠ かばんを持って行く場所

比較すると？	**次の会話を比べてみましょう。**

❶ 가: 생일선물로 무슨 책을 사 줄까요?

誕生日のプレゼントで、何の本を買ってあげましょうか？

나: 사전을 사 주세요.

辞書を買ってください。

☞ 書店あるいは他の場所でもあり得る会話である。

❷ 가: 서점에 가서 무슨 책을 사다 줄까요?

書店に行って、何の本を買ってきましょうか？

나: 사전을 사다 주세요. 돈은 나중에 드릴게요.

辞書を買ってきてください。お金は後で払いますから。

☞ 書店ではあり得ない会話である。書店ではない場所でだけ可能である。

どれが正しい？

❶ 피자를 (사서/사다가) 피자 가게에서 먹었어요.
ピザを買って、ピザ店で食べました。

❷ 도서관에서 책을 (빌려서/빌려다가) 집에서 읽어요.
図書館で本を借りて、家で読みます。

どうして間違い？

❶ 숙제를 해다가 선생님께 보여 드렸어요.

❷ 집에서 반찬을 만들어다가 (집에 있는) 냉장고에 넣어 두었어요.

20 -더니

連結語尾 〜だったのに、〜していると思ったら

◁)) 하더니

접속형식

用 + -더니　例 가더니, 먹더니, 좋더니, 학생이더니

用法 1　過去と現在の変化を比べるときに用いる（比較）。

◁)) ① 처음에는 김치가 맵**더니** 지금은 안 매워요.

初めはキムチが辛かったのに、今は辛くないです。

TIP!　前後の節には、話し手が直接経験した事実が来なければならない。前後の主語は同じで、一般的に前節には3人称の主語が来る。-더니는-았/었더니には入れ替えられないが、-았/었는데に入れ替えて使える。

② 어제는 길이 복잡하**더니** 오늘은 그렇지 않아요.

昨日は道が混んでいたのに、今日はそうではないです。

③ 시험 기간에는 도서관에 사람이 많**더니** 시험이 끝나니까 적어졌어요.

試験期間中には図書館に人が多かったのに、試験が終わると少なくなりました。

④ 옛날에는 친구의 직업이 회사원이**더니** 지금은 선생님이 되었어요.

昔は友達の職業が会社員だったのに、今は先生になりました。

比較すると？

文型	前節	後節	話し手が直接感じたこと
-더니	過去	前節より後のこと	○
-았/었는데	過去	前節より後のこと	関係ない

違いは何？

어제는 길이 복잡하더니 오늘은 그렇지 않아요.

昨日は道が混んでいたのに、今日はそうではないです。

☞ 混んでいた状況を思い浮かべ、現在と比較。私が直接見たこと。

어제는 길이 복잡했는데 오늘은 그렇지 않아요.

昨日は道が混んでいたのに、今日はそうではないです。

☞ 単に混んでいた事実と現在を比較。

練習1 **-더니**を使って過去と現在のことを比べてみましょう。

過去に自分が見たこと (考えたこと)	現在自分が見ていること (考えていること)
例〈5년 전〉 물건값이 쌌다.	〈요즘〉 많이 비싸졌다.
❶〈내가 어릴 때〉 어머니가 고우셨다.	〈지금〉 많이 늙으셨다.
❷〈어제〉 날씨가 좋았다.	〈오늘〉 날씨가 나쁘다.
❸〈아까〉 학생들이 시끄러웠다.	〈지금〉 조용해졌다.

例 5년 전에는 물건값이 싸더니 요즘은 많이 비싸졌습니다.

❶

❷

❸

例〈5年前〉物価が安かった。　　〈最近〉ずいぶん高くなった。
❶〈私が小さい時〉母がきれいだった。　〈今〉ずいぶん年を取った。
❷〈昨日〉天気がよかった。　　〈今日〉天気が悪い。
❸〈さっき〉学生たちがうるさかった。　〈今〉静かになった。
例 5年前は物価が安かったのに、最近はずいぶん高くなりました。

用法 2 過去のこと（前節のこと）が原因になって表れた結果を
表す（結果）。

 ① 수미 씨는 남자 친구가 생기**더니** 더 예뻐졌
어요.

スミさんは彼氏ができてから、もっとかわいくなりました。

TIP! -아/어서に入れ替えることができる。前後の主語は同じで、前節には3人
称の主語が来る。

② 친구가 시험공부를 열심히 하**더니** 시험에서 1등을 했어요.

友達が試験勉強を一生懸命にしていると思ったら、試験で1位になりました。

③ 민우가 어릴 때부터 노래를 좋아하**더니** 가수가 되었어요.

ミヌは小さいころから歌が好きだと思ったら、歌手になりました。

④ 요코 씨가 다이어트를 하**더니** 날씬해졌군요.

ようこさんがダイエットをしていると思ったら、スリムになりましたね。

比較すると？

文型	強調すること	話し手が直接見て感じたこと
-더니 (結果)	後節の結果	○
-아/어서 (理由)	前節の理由	関係なし

20 **-더니**

違いは何？

민우가 어릴 때부터 노래를 좋아하더니 가수가 되었어요.

ミヌは小さいころから歌が好きだと思ったら、歌手になりました。

☞ 後節の結果を強調。小さいころの姿を直接見た。

민우가 어릴 때부터 노래를 좋아해서 가수가 되었어요.

ミヌは小さいころから歌が好きで、歌手になりました。

☞ 前節の理由を強調。小さいころの姿を直接見ていなくても構わない。

練習2　子供が好きですか。子供が大きくなっていく過程を直接見たことがありますか。それを想像しながら**-더니**を使って書いてみましょう。

過去に見た姿	その後の姿
例 아이가 우유를 매일 마셨다.	키가 많이 컸다.
❶ 어릴 때 책을 좋아했다.	글쓰기도 잘한다.
❷ 어릴 때부터 운동을 싫어했다.	뚱뚱해졌다.
❸ 어릴 때부터 성격이 활발했다.	학교에서 친구들에게 인기가 많다.

例 아이가 우유를 매일 마시더니 키가 많이 컸어요.

❶

❷

❸

例 子供が牛乳を毎日飲んだ。　　　　背が大きくなった。

❶ 小さいころ、本が好きだった。　　作文が上手だ。

❷ 小さいころから運動が嫌いだった。　太ってきた。

❸ 小さいころから活発な性格だった。　学校で友達に人気がある。

例 子供が牛乳を毎日飲んでいたら背が高くなりました。

どうして間違い？

❶ 동생이 그림을 잘 그렸더니 화가가 되었어요.

❷ 하숙비가 비싸더니 이사했어요.

❸ 날씨가 나쁘더니 우산을 가져왔어요.

比較すると？　⇨ P.80

21 -았/었더니

表現 ～したら

接続形式

動 の陽語幹　　　　+ -았더니　　例 갔더니, 잡았더니
動 の陰語幹、있다 + -었더니　　例 먹었더니, 만들었더니, 있었더니

☞ 있다と一緒に使われるが、없다とは使われない。

用法 1 前節の話し手の動作が理由・原因となって、後節の状態になったことを表す（理由）。

🔊 ① **텔레비전을 많이 봤더니 눈이 피곤해요.**

テレビをたくさん見たら目が疲れました。

前節と後節の主語が両方とも「私」もしくは「私に関する事柄」である場合、-았/었더니を-아/어서（理由）の代わりに使える。

② **아침을 많이 먹었더니 점심 때도 배가 안 고파요.**

朝ご飯をたくさん食べたら、昼になってもおなかがすいてきません。

③ **어제 늦게 잤더니 아침에 일어나기가 힘들어요.**

昨日遅く寝たら朝起きるのが大変です。

④ **깨끗이 청소했더니 기분이 좋아요.**

きれいに掃除したら気分がいいです。

用法 2 前節の話し手の動作によって、話し手の周りで後節の結果が起きたことを表す（結果）。

 ① (내가) 어머니께 전화**했더니** 어머니가 기뻐하셨어요.

(私が) お母さんに電話したら、お母さんが喜んでくれました。

TIP! 前節と後節の主語が異なる場合、-았/었더니を-(으)니까 (発見) の代わりに使える。

② (내가) 선생님께 질문**했더니** 선생님이 친절하게 가르쳐 주셨어요.

(私が) 先生に質問したら、先生が親切に教えてくれました。

③ (내가) 학교에 안 **갔더니** 반 친구가 전화를 했어요.

(私が) 学校に行かなかったら、クラスの友達が電話をしてきました。

④ (내가) 오랜만에 시내에 나**갔더니** 사람이 많았어요.

(私が) 久しぶりに市内に出かけたら、人がたくさんいました。

違いは何？

아침을 많이 먹었더니 점심 때도 배가 안 고파요.

朝ご飯をたくさん食べたら、昼になってもおなかがすいてきません。

☞ 後節の結果を強調。

아침을 많이 먹어서 점심 때도 배가 안 고파요.

朝ご飯をたくさん食べたので、昼になってもおなかがすいてきません。

☞ 前節の理由を強調。

どうして間違い？

❶ **친구가 운동을 열심히 했더니 요즘 살이 빠졌어요.**

❷ **내가 어제 술을 많이 마시더니 오늘 머리가 아파요.**

比較すると？

文型	比較	結果	直接経験	前節の主語	後節の主語
-더니	○	○	○	3人称	前節と同じ
-았/었더니		○	○	1人称	3人称

22 -(으)면

連結語尾　～すると・だと、～すれば・ければ、～したら・だったら

接続形式

動 形 の母音語幹やㄹ語幹、
이다　　　　　　　　　 ＋ -면

例 가면, 만들면, 아프면,
　　학생이면

動 形 の子音語幹、있다　＋ -으면

例 먹으면, 좋으면, 있으면

用法 1　一般的・反復的なことの前提条件を表す (条件①)。

◁)) ① **봄이 되면 꽃이 핍니다.**

春になると、花が咲きます。

TIP!

この場合には만일 (万一)、만약 (もしかして) などの表現と一緒に使わない。後節に過去形は使えない。

② **겨울이 오면 추워져요.**

冬が来ると、寒くなります。

③ **담배를 피우면 건강이 나빠져요.**

たばこを吸うと、健康を害します。

④ **밤에 안 자면 낮에 피곤해요.**

夜に寝ないと、昼に疲れます。

⑤ 슬프면 눈물이 납니다.

悲しいと、涙が出ます。

用法 2 特別なことに対する仮定、前提条件を表す (仮定／条件②)。

🔊 ① **만일 모르는 것이 있으면 질문하십시오.**

万が一分からないことがあれば、質問してください。

TIP! 만일 (万が一)、만약 (もしかして) の表現と一緒に使う。後節には過去形は使えない。

② 만약 복권에 당첨되면 차를 사겠어요.

もし宝くじに当たったら、車を買います。

③ 회사에서 승진하면 한턱낼게요.

会社で昇進したら、ごちそうしますよ。

④ 책을 다 읽으면 좀 빌려 주세요.

本を読み終わったら、ちょっと貸してください。

比較すると？ ⇨ P.85

23 -다면

◁)) 한다면, 하다면

連結語尾　〜するなら・なら

接続形式

動 の母音語幹や ㄹ語幹	+ -ㄴ다면	例 간다면, 온다면, 만든다면
動 の子音語幹	+ -는다면	例 먹는다면, 잡는다면
形 있다	+ -다면	例 크다면, 작다면, 있다면
이다	+ -라면	例 친구(이)라면, 학생이라면

用法　あることを仮定するときに用いる (仮定)。

◁)) ① 태양이 없**다면** 어떻게 될까요?

太陽がなかったら、どうなるでしょうか?

봄이 오다, 밥을 먹다などの一般的・反復的に起こることには使わないが、
あり得ない希望を述べる時は例外である。

例 내가 만약 지금 밥을 먹는다면 배가 터지도록 먹겠어.
　私がもし今ご飯を食べるなら、おなかがはちきれるくらい食べるだろう。

② 복권에 당첨된**다면** 차를 사겠어요.

宝くじに当たるなら、車を買います。

③ 회사에서 승진한**다면** 한턱낼게요.

会社で昇進するなら、ごちそうしますよ。

④ 지구가 멸망**한다면** 어떻게 될까?

　地球が滅亡するとしたら、どうなるんだろう？

⑤ 모르는 것이 있**다면** 질문하십시오.

　分からないことがあるなら、質問してください。

どれが正しい？

❶ 봄이 (오면/온다면) 꽃이 핍니다.

　春が来ると、花が咲きます。

❷ 아침이 (되면/된다면) 밝아집니다.

　朝になれば、明るくなります。

❸ 밥을 (먹으면/먹는다면) 배가 부릅니다.

　ご飯を食べれば、おなかがいっぱいになります。

❹ 만약 10년 전으로 갈 수 (있으면/있다면) 뭘 하고 싶어?

　もし10 年前に戻れるなら、何がしたい？

比較すると？

文型	一般的・反復的なこと	特別なこと
-(으)면	○	○
-다면	×	○（実現可能性が少ない）

☞ -(으)면と-다면を両方使う場合にも、実現可能性の度合いには差がある。

実現可能性の度合い : -(으)면 ＞ -다면

違いは何？

한국에서 대학교에 가면 역사를 공부하고 싶어요.

韓国で大学に行ったら、歴史を勉強したいです。

☞ 大学に行こうとする気持ちがある。または可能性がある。

한국에서 대학교에 간다면 역사를 공부하고 싶어요.

韓国で大学に行くなら、歴史を勉強したいです。

☞ 大学に行こうとする気持ちはまだはっきりしていない。またはその可能性は薄い。

24	**~에다(가)**	🔊 에다가
助詞	~に	

接続形式1

名 + ~에다가 + 名 + ~을/를 + **넣다** (入れる)、**두다** (置く)、**놓다** (置く)、
꽂다 (差し込む)、**붙이다** (付ける)、
걸다 (掛ける)、**쓰다** (書く)、**바르다** (塗る)

接続形式2

場所 名 + ~에다가 + **묻다** (尋ねる)、**전화하다** (電話する)、**알아보다** (調べる)

用法 1 ある物に他の物を加えることを表す（添加）。

🔊 ① **공책에다가 글씨를 씁니다.**

ノートに、字を書きます。

② **책꽂이에다가 책을 꽂습니다.**

本棚に、本を入れます。

③ **주머니에다가 손을 넣어요.**

ポケットに、手を入れます。

④ **냉장고에다가 과일을 넣었어요.**

冷蔵庫に、果物を入れました。

⑤ 책상 위에다 사전을 놓았어요.

机の上に、辞書を置きました。

TIP! 口語ではしばしば**가**を省略する。

⑥ 빵에다가 버터를 바릅니다.

パンに、バターを塗ります。

用法 2　ある「場所名詞」のところで情報を求めるときに用いる（情報の要求）。

① 어디에다 물어보면 될까요?

どこに尋ねればいいでしょうか？

② 학교 사무실에다 전화합니다.

学校の事務室に、電話します。

練習 ~**에다가**を使って文を作ってみましょう。

냉장고, 지갑, 주머니, 꽃병, 옷걸이, 책상, 필통, 서랍, 종이,
눈, 얼굴, 편지봉투

$+$

에다가

$+$

돈을 넣다	화장품을 바르다	안약을 넣다
우유를 넣다	꽃을 꽂다	이름을 쓰다
옷을 걸다	손을 넣다	연필을 넣다
책을 올려 놓다	우표를 붙이다	

例 냉장고에다가 우유를 넣어요.

❶
_____

❷
_____

❸
_____

❹
_____

❺
_____

冷蔵庫、財布、ポケット、花瓶、ハンガー、机、筆箱、引き出し、紙、
目、顔、封筒

お金を入れる	化粧品を塗る	目薬を差す
牛乳を入れる	花を挿す	名前を書く
服を掛ける	手を入れる	鉛筆を入れる
本を置いておく	切手を貼る	

例 冷蔵庫の中に牛乳を入れます。

どうして間違い?

❶ 선생님에다가 물어보세요.

❷ 옷이 의자에다가 걸려 있습니다.

❸ 여기에다 앉으세요.

25 -(으)ㄹ까 봐

表現   ~するかと思って・(な) んじゃないかと思って

◁)) 할까 봐

接続形式

| 動 形 の母音語幹や
ㄹ語幹、이다 | + -ㄹ까 봐 | 例 갈까 봐, 만들까 봐, 아플까 봐,
학생일까 봐 |
| 動 形 の子音語幹、
있다 | + -을까 봐 | 例 먹을까 봐, 작을까 봐, 있을까 봐 |

用法   後でそうなるのではないかと心配するときに用いる (結果の心配)。

◁)) ① 살이 **찔까 봐** 조금만 먹어요.

太るんじゃないかと思って、少しだけ食べます。

TIP!   前節には一般的に主語が願っていないことが来る。

② 오후에 비가 **올까 봐** 우산을 가져왔어요.

午後に雨が降るんじゃないかと、傘を持ってきました。

③ 시험에 떨어**질까 봐** 걱정해요.

試験に落ちるんじゃないかと、心配します。

④ **틀릴까 봐** 다시 한번 확인해요.

間違えているんじゃないかと、もう一度確認します。

⑤ 부모님은 자식이 아플**까 봐** 걱정하십니다.

ご両親は、子供の具合が悪くないか、心配されています。

⑥ 약속을 잊어버릴**까 봐** 수첩에 적었어요.

約束を忘れるんじゃないかと、手帳に書きました。

⑦ 할머니의 짐이 무거울**까 봐** 대신 들어 드렸어요.

おばあさんの荷物が重いんじゃないかと思って、代わりに持ってあげました。

⑧ 입에 안 맞을**까 봐** 안 먹어요.

口に合わないんじゃないかと、食べません。

練習1 　親は、どんな時でも子供を愛しています。それで、いつも子供のことが気になります。世の親が子供に対してどんな心配をしているのか、思いつくままに書いてみましょう。

例 자식이 공부를 못할까 봐 걱정해요.

자식이 아플까 봐 걱정해요.

부모의 걱정 (両親の心配)

> 例 子供が勉強ができないのではないかと心配します。
> 子供の具合が悪いのではないかと心配します。

練習2 次をつないでください。

例 건강에 나쁘다 •   • 아껴 쓰다
❶ 시험이 어렵다 •   • 학교에 일찍 가다
❷ 돈이 모자라다 •   • 다시 한번 확인하다
❸ 선생님에게 야단맞다 •   • 사진을 가져오다
❹ 가족들이 보고 싶다 •   • 담배를 끊다
❺ 실수하다 •   • 열심히 공부하다

例 건강에 나쁠까 봐 담배를 끊었어요.

❶ _____

❷ _____

❸ _____

❹ _____

❺ _____

> 例 健康に悪い •   • 節約する
> ❶ 試験が難しい •   • 学校に早く行く
> ❷ お金が足りない •   • もう一度確認する
> ❸ 先生に怒られる •   • 写真を持ってくる
> ❹ 家族に会いたい •   • たばこをやめる
> ❺ 失敗する •   • 一生懸命に勉強する
> 例 健康に悪いと思ってたばこをやめました。

どうして間違い？

❶ 영화가 재미있을까 봐 보러 극장에 갔어요.

❷ 나중에 시간이 없을까 봐 미리 공부해야 해요.

第2章
終結の文型

26 -(으)ㄹ까(요)?

◁)) 할까?

終結語尾　〜するだろうか?・だろうか?、〜しようか?

接続形式

動 形 の母音語幹や ㄹ語幹、이다	+ -ㄹ까요?	例	갈까요?, 만들까요?, 아플까요?, 학생일까요?
動 形 の子音語幹、 있다	+ -을까요?	例	먹을까요?, 좋을까요?, 있을까요?

用法1 聞き手の考えを尋ねるときに用いる (推測)。

◁)) ① 내일 날씨가 좋을까요?

明日、天気がいいでしょうか? (いいと思いますか?)

 TIP! 質問する場合に限って使う。答えには使えない。

② 이번 시험이 어려울까요?

今度の試験は難しいでしょうか? (難しいと思いますか?)

③ 하야시 씨가 오늘 학교에 올까요?

林さんは今日学校に来るでしょうか? (来ると思いますか?)

④ 기차가 출발했을까요?

汽車は出発したでしょうか? (出発したと思いますか?)

⑤ **수업이 끝났을까요?**

授業は終わったでしょうか？ (終わったと思いますか？)

どうして間違い？

❶ 가: 내일 날씨가 좋을까요?

　　나: 좋을까요.

❷ 가: 그 사람이 올까요?

　　나: 안 올까요.

練習　　**-(으)ㄹ까요?**を使って相手の考えを聞いてみましょう。

❶ 가: 내일 _____ (비가 오다)

　　나: 네, 비가 올 것 같아요.

❷ 가: 이 옷이 저한테 _____ (어울리다)

　　나: 네, 아주 잘 어울리겠어요.

❸ 가: 수업을 _____ (시작했다)

　　나: 벌써 시작했을 거예요.

[
❶ カ：明日雨が降るでしょうか？
　ナ：はい、雨が降ると思います。
❷ カ：この服は私に似合うでしょうか？
　ナ：はい、とても似合いそうですよ。
❸ カ：授業は始まったでしょうか？
　ナ：もう始まったでしょう。
]

用法2　聞き手に何かを提案するときに用いる（提案）。

🔊 ① **같이 갈까요?**
　一緒に行きましょうか？

TIP! この用法では動詞だけが使える。「함께、같이 (一緒に)、우리 (私たち)」と一緒に使う場合が多い。-(으)ㄹ래요?と入れ替えることができる。

② **오늘 같이 식사할까요?**
　今日、一緒に食事しましょうか？

③ **학교 앞에서 만날까요?**
　学校の前で会いましょうか？

④ **이번 방학에 우리 함께 여행 갈까요?**
　今度の休みに、私たち一緒に旅行に行きましょうか？

⑤ **날씨도 좋은데 좀 걸을까요?**
　天気もいいし、少し歩きましょうか？

用法3　聞き手の意見を尋ねるときに用いる（意見を尋ねる）。

 ① **우리 어디에서 만날까요?**
（私たち）どこで会いましょうか？

TIP! この用法では動詞だけが使える。場合によって、独り言のように使うことも
ある。聞き手の意見を尋ねる時-(으)면 좋겠어요?に替えることができる。

② **어떤 옷을 입을까요?**
どんな服を着ましょうか？

③ **그 사람과 헤어질까요 말까요?**
あの人と別れましょうか、別れない方がいいでしょうか？

④ **이제 어떻게 할까?**
これからどうしようか？

⑤ **한국어 공부를 계속할까?**
韓国語の勉強を続けようか？

⑥ **댁으로 몇 시에 전화할까요?**
お宅へ何時に電話しましょうか？

⑦ **우리 오늘 뭘 먹을까요?**
（私たち）今日は何を食べましょうか？

-(으)ㄹ까(요)?

比較すると？

意味	-(으)ㄹ까요?に似た表現	主語
1. 推測	-(으)ㄹ 것 같아요? ⇨ P.167 -(으)ㄹ 거라고 생각해요?	2人称、3人称
2. 提案	-(으)ㄹ래요? ⇨ P.164 -(으)ㅂ시다 ⇨ P.101	1人称 (私たち)
3. 意見を尋ねる	-(으)면 좋겠어요?	1人称 (私、私たち)

比較すると？ ⇨ P.102

27 -(으)ㅂ시다

◁)) 합시다

終結語尾 ～しましょう

接続形式

動 の母音語幹やㄹ語幹 ＋ -ㅂ시다 　例 갑시다, 봅시다, 만듭시다

動 の子音語幹、있다 ＋ -읍시다 　例 먹읍시다, 앉읍시다, 있읍시다

☞ 있다と一緒に使われるが、없다とは使われない。

用法 聞き手に何かを勧誘・提案することを表す（勧誘・提案）。

◁)) ① **같이 영화 보러 갑시다.**

一緒に映画を見に行きましょう。

TIP!
聞き手の意見を尋ねるのではなく、話し手から勧誘・提案する表現であるため強いニュアンスを与える場合がある。-(으)ㅂ시다の柔らかい表現は-아/어요。ぞんざいな表現は-자。

② **커피 한 잔 합시다.**

コーヒーを1杯飲みましょう。

③ **나중에 연락합시다.**

後で連絡しましょう。

④ **어서 식사를 합시다.**

早く食事をしましょう。

⑤ **같이 도서관에 갑시다.**

一緒に図書館へ行きましょう。

⑥ **시간 있으면 놀러 가자.**

時間があれば遊びに行こう。

⑦ **우리 같이 이야기해요.**

(私たち) 話し合いましょう。

⑧ **같이 축구해요.**

一緒にサッカーをしましょう。

-(으)ㅂ시다は丁寧な表現ではないので目上の人には適切ではない。この場合には-(으)ㅂ시다の代わりに-(으)시겠습니까?や-(으)시지요を使った方がいい。

比較すると?

文型	話し手の考え	聞き手の考え
-(으)ㄹ래요? ⇨ P.164	○ 優先しない	◎ 優先する
-(으)ㄹ까요?	◎ 優先する	○ 優先しない
-(으)ㅂ시다	◎ 最優先する	× 聞いていない

☞勧誘における話し手の意志の度合い : -(으)ㅂ시다 > -(으)ㄹ까요? > -(으)ㄹ래요?

違いは何？

❶ **수미 씨, 같이 식사합시다.** スミさん、一緒に食事しましょう。
　☞ スミさんの意見は聞かず、一緒に食事をしようと誘う。

❷ **수미 씨, 같이 식사할까요?** スミさん、一緒に食事しましょうか？
　☞ 自分は一緒に食事をしたいが、スミさんはどう思っているのかを尋ねる。

❸ **수미 씨, 식사할래요?** スミさん、食事しますか？
　☞ スミさんが食事したいのかを先に尋ねる。

比較すると？　⇨ P.100

28 -고 싶다

表現 ～したい

<speaker> 하고 싶다

接続形式

動 있다 + -고 싶다   **例** 가고 싶다, 먹고 싶다, 있고 싶다

☞ 있다と一緒に使われるが、없다とは使われない。

用法 自分が希望することを表す（希望）。

---

① 세계 일주를 하고 싶어요.

世界一周がしたいです。

---

② 새 컴퓨터를 갖고 싶어요.

新しいコンピューターが欲しいです。

③ 좀 쉬고 싶어요.

少し休みたいです。

④ 유학을 가고 싶습니다.

留学に行きたいです。

⑤ 빨리 어른이 되고 싶습니다.

早く大人になりたいです。

比較すると? ⇨ P.106

29 -(으)면 좋겠다　🔊 하면 좋겠다

表現　〜できればと思う、〜であればと思う

接続形式

動 形 の母音語幹や ㄹ語幹、이다	+ -면 좋겠다	例 가면 좋겠다 만들면 좋겠다 멀면 좋겠다 학생이면 좋겠다
動 形 の子音語幹、 있다	+ -으면 좋겠다	例 받으면 좋겠다 작으면 좋겠다 있으면 좋겠다

用法 1　自分の希望を話すときに用いる (希望①)。

🔊 ① **나는 내년에 취직하면 좋겠어.**

私は来年就職できればと思う。

② **저는 이번 방학 때 여행 가면 좋겠어요.**

私は、今度の休みに旅行に行ければと思います。

③ **키가 좀 더 컸으면 좋겠다.**

背がもう少し高ければいいと思う。

④ **주말에 영화 보러 가면 좋겠는데……**.

週末に映画を見に行ければいいけど……。

比較すると？

文型	自分の希望	他の人に願うこと
-(으)면 좋겠다	○	○
-고 싶다	○	×

どうして間違い？

❶ 돈이 많이 있고 싶어요.

❷ 날씨가 따뜻하고 싶습니다.

❸ 문이 열리고 싶어.

用法 2　他の人に願うことを話すときに用いる（希望②／要請）。

① 저에게 연락 주시면 좋겠습니다.

私に連絡をいただければと思います。

TIP! -아/어 주세요よりもへりくだった表現。

② 음식을 남기지 않고 다 드시면 좋겠어요.

食べ物を残さずに召し上がってくださればと思います。

③ 친구와 사이좋게 지내면 좋겠어요.

友達と仲良くできたらいいですね。

④ 조용히 해 주시면 좋겠습니다.

静かにしてくださればと思います。

⑤ 비밀을 지켜 주면 좋겠습니다.

秘密を守ってくれればと思います。

⑥ 네가 좀 더 행복했으면 좋겠어.

あなたがもう少し幸せになれればと思う。

30 -아/어 보다

◁)) 해 보다

～してみる

接続形式

動 の陽語幹 　+ **-아 보다** 　例 가 보다, 찾아 보다

動 の陰語幹、**있다** + **-어 보다** 　例 써 보다, 먹어 보다, 있어 보다
☞ **있다**と一緒に使われるが、**없다**とは使われない。

用法1 どんなことやものなのか試みることを表す（試み）。

◁))
① **이거 한번 먹어 봐.**
これ一度食べてみて。

② **설악산이 아주 아름다워요. 한번 가 보세요.**
雪岳山はとても美しいです。一度行ってみてください。

③ **신발이 나에게 맞는지 신어 봅니다.**
靴が私に合うか履いてみます。

④ **한국 음식을 만들어 보고 싶어요.**
韓国料理を作ってみたいです。

⑤ **이 노래 어떤지 들어 보세요.**
この歌、どうなのか聞いてみてください。

練習 今後、機会があればやってみたいことはありますか。下に書いて
みましょう。

例 배우가 되다

❶ 대통령을 만나다

❷ 세계일주를 하다

❸ 자원봉사를 하다

❹ 사업을 하다

例 배우가 되어 보고 싶어요.

❶ _____

❷ _____

❸ _____

❹ _____

> 例 俳優になる
> ❶ 大統領に会う
> ❷ 世界一周をする
> ❸ ボランティア活動をする
> ❹ 事業をする
> 例 俳優になってみたいです。

用法 2 経験したことがあることを表す（経験）。

◁)) ① **한복을 입어 보았어요.**

韓服を着てみました（着たことがあります）。

TIP! -(으)ㄴ 적이 있다の代わりに使える。

② **혼자 여행을 가 보았어요.**

一人で旅行に行ってみました。

③ **스케이트를 타 보았어요.**

スケートをしてみました。

④ **외국 친구와 사귀어 보았어요.**

外国人の友達と付き合ってみました。

⑤ **한국에서 아르바이트를 해 봤어요.**

韓国でアルバイトをしてみました。

⑥ **거짓말을 해 봤어요.**

うそをついてみました。

比較すると？ ⇨ P.114

31 -(으)ㄴ 적이 있다(없다)

◁)) 한 적이 있다, 한 적이 없다

表現　～したことがある（ない）

接続形式

動 の母音語幹やㄹ語幹 ＋ -ㄴ 적이 있다(없다)　例 본 적이 있다
　　　　　　　　　　　　　　　　　　　　　만든 적이 없다

動 の子音語幹　　　　＋ -은 적이 있다(없다)　例 먹은 적이 있다
　　　　　　　　　　　　　　　　　　　　　받은 적이 없다

用法　した経験がある（ない）ことを表す（経験）。

◁)) ① 청혼을 받은 적이 있습니다.

プロポーズをされた（受けた）ことがあります。

TIP!　近い過去のことやいつもすること、あまりにも一般的なことには使わない。
現在、そのことをしていない場合によく使う。

② 저는 하숙을 한 적이 있습니다.

私は、下宿をしたことがあります。

③ 아직 혼자 여행을 한 적이 없어요.

まだ、一人で旅行をしたことがありません。

④ 아르바이트를 한 적이 있어요.

アルバイトをしたことがあります。

⑤ 뮤지컬을 보러 간 적이 없어요.

ミュージカルを見に行ったことがありません。

⑥ 한국말을 외국인에게 가르친 적이 있는데 어려웠어요.

韓国語を外国人に教えたことがありますが、難しかったです。

⑦ 어학 연수를 간 적이 없는데 가고 싶어요.

語学研修に行ったことがありませんが、行きたいです。

どうして間違い？

❶ 오늘 아침에 밥을 먹은 적이 있어요.

❷ 제 직업은 한국어 교사입니다.

저는 한국어를 가르친 적이 있습니다.

❸ 저는 잠을 잔 적이 있습니다.

練習　今までの経験の中で思い浮かぶことはありますか。それはどんな経験でしたか。また、経験したことはなくても今後やってみたいことはありますか。次の例以外のことを書いても構いませんので、書いてみましょう。

배를 타다　　　　　　외국 친구를 사귀다
대학시험에 떨어지다　친구와 싸우다
비행기를 조종하다　　외국에서 공부하다
사업을 하다　　　　　회사에 다니다
노래방에 가다　　　　한복을 입다
한국 음식을 만들다

例 저는 배를 탄 적이 있습니다.

➡ 저는 배를 탄 적이 있는데 재미있었습니다.

例 저는 한복을 입은 적이 없습니다.

➡ 저는 한복을 입은 적이 없는데 한번 입어 보고 싶습니다.

船に乗る　　　　　　外国人の友達と付き合う
大学試験に落ちる　　友達とけんかする
飛行機を操縦する　　外国で勉強する
事業をする　　　　　会社に通う
カラオケに行く　　　韓服を着る
韓国料理を作る

例 私は船に乗ったことがあります。
➡ 私は船に乗ったことがありますが、楽しかったです。
例 私は韓服を着たことがありません。
➡ 私は韓服を着たことがありませんが、一度着てみたいです。

比較すると?

文型	過去の経験	現在、未来の試み	主語の意志との関連性
-(으)ㄴ 적이 있다	○	×	ある場合もあればない場合もある
-아/어 보다	○	○	関連性が強い

요리를 배운 적이 있어요.

料理を習ったことがあります (今は習っていない ☞ 過去の経験)。

요리를 배워 보았어요.

料理を習ってみました (今は習っていない ☞ 過去の経験)。

요리를 배워 보고 있어요.

料理を習ってみています (今習っているところである ☞ 現在の試み)。

요리를 배워 볼 거예요.

料理を習ってみるつもりです (将来習ってみようと思う ☞ 未来の試み)。

どれが正しい?

가: 찌개 맛이 어떤지 좀 (먹어 봐/먹은 적이 있어).

チゲの味がどうか、ちょっと食べてみて。

나: 어디 보자. 정말 맛있는데?

どれどれ。すごくおいしいよ?

32 -아/어도 되다(괜찮다/좋다)

◁ꀀ)) 해도 되다

表現　～してもいい・でもいい・てもいい

接続形式

動 形 の陽語幹 + **-아도 되다**　例 가도 되다, 좋아도 되다

動 形 の陰語幹、 + **-어도 되다**　例 먹어도 되다, 적어도 되다,
이다 있다　　　　　　　　　　있어도 되다

用法　あることをしても構わない、問題ないと述べるときに用いる (承諾)。

◁ꀀ)) ① 가: 들어가도 됩니까?

入ってもいいですか?

나: 들어가도 돼요.

入ってもいいです。

 TIP! 禁止表現は-(으)면 안 되다。

② 가: 건물 안에서 담배를 피워도 됩니까?

建物の中で、たばこを吸ってもいいですか?

나: 담배를 피워도 괜찮아요.

たばこを吸っても構いません。

③ 가: 수업 시간에 자기 나라 말로 이야기해도 됩니까?

授業中に、母国語で話してもいいですか?

나: 자기 나라 말로 이야기해도 괜찮아요.

母国語で話しても構いません。

④ 가: 밤에 전화해도 돼요?

夜に電話してもいいですか?

나: 밤에 전화해도 좋아요.

夜に電話しても大丈夫です。

33 -(으)면 안 되다 ◁)) 하면 안 되다

表現 ～してはいけない・ではいけない・てはいけない

接続形式

| 動 形 の母音語幹や
ㄹ語幹、이다 | + -면 안 되다 | 例 가면 안 되다
만들면 안 되다
크면 안 되다
학생이면 안 되다 |

| 動 形 の子音語幹、
있다 | + -으면 안 되다 | 例 먹으면 안 되다
많으면 안 되다
있으면 안 되다 |

用法 あることをしてはいけないと述べるときに用いる (禁止／不許可)。

◁)) ① 가: 교실에서 담배를 피워도 돼요?

교室で、たばこを吸ってもいいですか?

　　나: 아니요, 담배를 피우면 안 돼요.

いいえ、たばこを吸ってはいけません。

TIP! 承諾・許可の表現は-아/어도 되다。

② 가: 들어가도 됩니까?

　　入ってもいいですか?

　나: 아니요, 들어가면 안 돼요.

　　いいえ、入ってはいけません。

③ 가: 수업 시간에 자기 나라 말로 이야기해도 돼요?

　　授業中に、母国語で話してもいいですか?

　나: 자기 나라 말로 이야기하면 안 돼요.

　　母国語で話してはいけません。

④ 가: 밤에 전화하면 안 돼요?

　　夜に、電話したらいけませんか?

　나: 네, 밤에 전화하면 안 돼요.

　　はい、夜に電話してはいけません。

練習　承諾と禁止の表現を使って、次の会話文を完成させましょう。

❶ 가: 아이가 담배를 피워도 돼요?

　　나: 아이가 담배를 _____.

❷ 가: 수업 시간에 _____ ?

　　나: 수업 시간에 떠들면 안 돼요.

❸ 가: 부모님께 거짓말을 해도 돼요?

　　나: 부모님께 거짓말을 _____.

❹ 가: 법을 _____ ?

　　나: 법을 어기면 안 돼요.

> ❶ 子供がたばこを吸っていいですか？
>   　子供がたばこを
> ❷ 授業中に
>   　授業中に、騒いではいけません。
> ❸ 親にうそをついていいですか？
>   　親にうそを
> ❹ 法律を
>   　法律を破ってはいけません。

接続形式

動 の母音語幹やㄹ語幹 + -ㄹ 수 있다　例 갈 수 있다, 만들 수 없다

動 の子音語幹、있다 + -을 수 있다　例 먹을 수 있다, 있을 수 없다

☞ 있다と一緒に使われるが、없다とは使われない。

用法1　ある行動ができる（できない）ことを表す（能力可能）。

◁)) ① 저는 수영을 할 수 있어요.

私は水泳ができます。

② 선생님은 한국 음식을 만들 수 있어요?

先生は韓国料理を作れますか？

③ 우리 아버지는 컴퓨터를 잘할 수 있어요.

私の父はパソコンが上手です。

④ 저는 노래를 잘 부를 수 없어요.

私は歌が上手ではありません。

⑤ 나는 운전을 잘할 수 없어요.

私は運転が上手ではありません。

練習1　上手にできる運動はありますか。また、できない運動は何ですか。**-(으)ㄹ 수 있다(없다)** を使って話してみましょう。

> 테니스, 탁구, 축구, 야구, 농구, 배구, 수영, 골프, 스키

[テニス、卓球、サッカー、野球、バスケットボール、バレーボール、水泳、
  ゴルフ、スキー]

用法2　ある状況や条件で可能（不可能）であることを表す（状況可能）。

① **수업 시간에 전화를 받을 수 없어요.**

　授業中に、電話に出ることはできません。

② **이 수영장은 몇 시까지 수영할 수 있어요?**

　このプールは何時まで泳げますか？

③ **이번 주에 바쁜 일이 있어서 친구를 만날 수 없어요.**

　今週は忙しくて友達に会うことができません。

④ **이 식당의 김치는 너무 매워서 먹을 수 없어요.**

　この食堂のキムチは辛すぎて食べられません。

⑤ 비행기표를 못 구해서 설날에 고향에 갈 수 없었다.

飛行機のチケットを買えなかったので、正月に故郷に帰ることができな

かった。

練習2 矢野さんが、韓国に留学に行きました。矢野さんが日本ではできても韓国ではできないことは何でしょうか。-(으)ㄹ 수 있다(없다)を使って話してみましょう。

日本で	韓国に来て
例 어머니께서 만들어 주신 음식을 먹습니다.	어머니께서 만들어 주신 음식을 못 먹습니다.
❶ 친구들을 보고 싶을 때마다 만납니다.	친구들을 보고 싶을 때마다 못 만납니다.
❷ 한국어를 못 배웁니다.	한국어를 배웁니다.

例 일본에서는 어머니께서 만들어 주신 음식을 먹을 수 있습니다.

한국에서는 어머니께서 만들어 주신 음식을 먹을 수 없습니다.

❶

❷

日本で　　　　　　　　　　　韓国に来て
例 母が作ってくれる料理を食べます。　母が作ってくれる料理を食べることができません。
❶ 友達に会いたい時はいつでも会えます。　友達に会いたいときに会えません。
❷ 韓国語が習えません。　韓国語を習います。

例 日本では、母が作ってくれる料理を食べることができます。
　韓国では、母が作ってくれる料理を食べることができません。

用法3 あり得ないことを述べるときに、否定形で用いる（一般的な真理）。

🔊 ① 사람은 물을 마시지 않고 **살 수 없어요.**

人は、水を飲まずには生きることができません。

② 한국에서 일본까지 걸어갈 수 없어요.

韓国から日本まで、歩いて行けません。

③ 남자가 아기를 낳을 수 없다.

男が子供を生むことはできない。

比較すると？ ⇨ P.125

35 -(으)ㄹ 줄 알다(모르다)

할 줄 알다, 할 줄 모르다

表現 ～することができる（できない）

接続形式

動 の母音語幹やㄹ語幹 ＋ -ㄹ 줄 알다(모르다)　例 할 줄 알다
　　　　　　　　　　　　　　　　　　　　　만들 줄 모르다

動 の子音語幹　　　　　＋ -을 줄 알다(모르다)　例 먹을 줄 알다
　　　　　　　　　　　　　　　　　　　　　읽을 줄 모르다

用法　ある行動ができる（できない）ことを表す（能力）。

① 저는 술을 마실 줄 몰라요.

私はお酒が飲めません。

TIP!　-(으)ㄹ 수 있다 (없다)の代わりに使える。しかし、ある状況や条件下で可能であるとの意味はない。主語は、常に人や動物を表す名詞・代名詞である。

② 운전할 줄 알아요?

運転できますか？

③ 한국 노래를 부를 줄 알아요?

韓国の歌が歌えますか？

124

④ **한국 신문을 읽을 줄 알아요?**

韓国の新聞が読めますか?

⑤ **기노시타 씨는 아직 혼자 지하철을 탈 줄 몰라요.**

木下さんはまだ一人で地下鉄に乗れません。

どれが正しい?

❶ **지금 굉장히 피곤한 것 같은데 (운전할 수 있어요?/운전할 줄 알아요?)**

今、すごく疲れているようですが、運転できますか?

❷ **학교에 몇 시까지 (올 수 있어요?/올 줄 알아요?)**

学校へ何時までに来られますか?

❸ **지금 내가 한 말을 (이해할 수 있어요?/이해할 줄 알아요?)**

今、私が言ったことが分かりますか?

❹ **한국 음식을 (만들 수 있어요?/만들 줄 알아요?)**

韓国料理が作れますか?

比較すると?

文型	能力	(ある状況や条件下での) 可能
-(으)ㄹ 수 있다	○	○
-(으)ㄹ 줄 알다	○	×

36 -거든(요)

◁)) 하거든

終結語尾 〜するんだよ・(な) んだよ

接続形式

用 + -거든(요)　例 가거든요, 먹거든요, 좋거든요,
　　　　　　　　학생이거든요, 있거든요

用法 1 聞き手が知らない情報 (理由) を話すときに用いる (理由)。

◁)) ① 가: 이번 토요일에 뭐 해요?

今度の土曜日に、何をしますか?

나: 공부해야 되는데…….
다음 주에 시험이 있거든요.

勉強しなければならないんですが……。
来週、試験があるんですよ。

② 가: 김치를 왜 안 먹어요?

キムチをなぜ食べないんですか?

나: 매운 음식을 싫어하거든요.

辛いものは、嫌いなんです。

③ 가: 왜 우산을 가지고 왔어요?

　　なぜ、傘を持って来たんですか?

　나: 오늘 일기예보에서 비가 온다고 했**거든요**.

　　今日、天気予報で雨が降ると言っていたんですよ。

④ 가: 왜 남자 친구랑 헤어졌어?

　　なぜ、彼氏と別れたの?

　나: 성격이 안 맞았**거든**.

　　性格が合わなかったからね。

⑤ 가: 창문 좀 닫아 주세요. 제가 감기에 걸렸**거든요**.

　　窓をちょっと閉めてください。私、風邪をひいているんですよ。

　나: 알았어요.

　　分かりました。

練習1 みわさんは、東大門市場に行って服を1着買いました。**-거든(요)** を使って、次の会話を完成させましょう。

친구: 미와 씨, 옷 새로 샀어요?

미와: 네, 어제 동대문 시장에 갔거든요.

친구: 동대문 시장이 좋아요?

미와: 네. ❶ _____ (옷도 많고 싸다)

친구: 그렇군요. 그런데 빨간 색 치마를 샀네요.

미와: 네, 제가 ❷ _____ (빨간 색을 좋아하다)

그리고 요즘 입을 ❸ _____ (치마가 없었다)

친구: 저도 동대문 시장에 한번 가 봐야겠네요.

❹ _____ (한 번도 안 가 봤다)

友達：みわさん、服を新しく買ったんですか？

みわ：はい、昨日、東大門市場に行ったもんですから。

友達：東大門市場は、いいですか？

みわ：はい。❶服も多くて安いんですよ。

友達：そうなんですか。ところで、赤のスカートを買いましたね。

みわ：はい、私は❷赤が好きなんですよ。

それに、最近着る❸スカートがなかったんですよ。

友達：私も、東大門市場に一度行ってみたいですね。

❹一度も行ったことがないんですよ。

用法 2 聞き手に話したいこと（聞き手は知らない情報）を切り出すときに用いる（話題提示）。

🔊 ① 가: 우리 오빠가 다음 달에 결혼하거든요.

うちの兄が、来月結婚するんですよ。

나: 그래요?

そうなんですか？

② 가: 여러분, 학교에서 말하기 대회가 있거든요.

皆さん、学校でスピーチコンテストがあるんですよ。

나: 언제요?

いつですか？

③ 가: 어제 명동에 갔거든요.

昨日、明洞に行ったんですけどね。

나: 아, 그래요?

あ、そうなんですか？

가: 거기서 친구를 우연히 만났어요.

そこで偶然友達に会いました。

④ 가: 저 다음 달에 고향에 가거든요.

私、来月故郷に帰るんですよ。

나: 그래요? 왜 그렇게 갑자기 가요?

そうですか？　なぜそんなに急に帰るんですか？

가: 언니가 결혼을 하거든요.

姉が結婚するんですよ。

練習2 中山さんは先週、外国人のための行事に参加しましたが、参加しなかった友達にもその情報を知らせようと思います。**-거든(요)** を使って話してみましょう。

〈나카야마 씨가 본 정보〉
서울시에서 외국인을 위한 행사를 합니다.
행사 내용: 김치 만들기, 사물놀이 공연, 한복 입어보기 등
참가비: 무료
신청 방법: 전화 또는 인터넷 (서울시 홈페이지)
기간: 매달 첫 번째 토요일

나카야마: 여러분, 제가 지난 주 토요일에 재미있는 경험을
　　　　❶ ＿＿＿＿＿＿＿＿＿＿＿＿＿ (했다)
　친구들: 무슨 경험이요?
나카야마: 서울시에서 외국인을 위한 행사를 매달 첫 번째 토요
　　　　일에 하고 있는데 거기에 갔다 왔거든요. 여러분도 한
　　　　번 가 보세요.
　친구들: 거기에서 무엇을 했어요?
나카야마: 김치를 만들어 보고, 사물놀이 공연도
　　　　❷ ＿＿＿＿＿＿＿＿＿＿＿＿＿ (봤다) 너무 재미있었어요.
　친구들: 돈은 필요 없어요?
나카야마: 네, 참가비는 무료 ❸ ＿＿＿＿＿＿＿＿＿＿＿ (이다)
　친구들: 가고 싶으면 어떻게 하면 돼요?
나카야마: 전화나 인터넷으로 신청하면 돼요.

「中山さんが見た情報」
ソウル市で、外国人のための行事を行います。
行事内容：キムチ作り、サムルノリ公演、韓服試着など
参加費：無料
申請方法：電話またはインターネット（ソウル市ホームページ）
期間：毎月、第1土曜日

中山：皆さん、私は先週の土曜日に面白い経験を❶したんですよ。
友達：どんな経験ですか？
中山：ソウル市で、外国人のための行事を、毎月1週目の土曜日にやっている
　　　んですが、そこに行ってきたんですよ。皆さんも、一度行ってみてくだ
　　　さい。
友達：そこで、何をしましたか？
中山：キムチを作ってみて、サムルノリ公演も❷見たんですよ。とても楽しかっ
　　　たです。
友達：お金は要らないんですか？
中山：はい、参加費は無料❸なんですよ。
友達：行きたいなら、どうすればいいですか？
中山：電話やインターネットで申し込みすればいいんですよ。

どれが正しい？

선생님: 내일 학교에 꼭 오세요. 지난번에 말한 대로 말하기 시험
을 보겠습니다.

先生：明日学校に必ず来てください。この間言ったとおり、スピーキングの試
験をします。

학생: 선생님, 제가 내일 갑자기 일이 (❶ 생겼잖아요/생겼거든
요).

学生：先生、私、明日急用ができたんですよ。

선생님: 무슨 일인데요?

先生：どんなことでしょうか？

학생: 고향에서 부모님이 (❷ 오시잖아요/오시거든요). 그래서
학교에 못 와요.

学生：故郷から両親が来るんですよ。それで学校に来られません。

선생님: 어떡하죠? 그래도 꼭 와야 하는데. 말하기 시험이 (❸ 있
잖아요/있거든요).

先生：どうしましょう？ でも、必ず来ないといけないんですが。スピーキングの
試験があるじゃないですか。

比較すると？ ⇨ P.134

37 -잖아(요)

◁)) 하잖아

終結語尾　〜するじゃないか・じゃないか

接続形式

用 + -잖아(요)　例 가잖아요, 먹잖아요, 좋잖아요,
학생이잖아요, 있잖아요

用法 1　聞き手が知っている理由を話すときに用いる（理由）。

◁)) ① 가: 한국 드라마가 요즈음 외국에서도
인기가 많아요.

韓国のドラマは、最近外国でも人気がありますよ。

나: 한국 드라마가 재미있잖아요.

韓国のドラマは面白いじゃないですか。

② 가: 발이 참 크네요.

足がとても大きいですね。

나: 키가 크잖아요.

背が高いじゃないですか。

③ 가: 한국 역사에 대해 잘 아시네요.

　　韓国の歴史について、お詳しいですね。

　나: 제가 한국 사람이**잖아요**.

　　私、韓国人じゃないですか。

④ 가: 오늘 비가 오겠네요.

　　今日、雨が降りそうですね。

　나: 왜요?

　　なぜですか？

　가: 하늘을 좀 보세요. 구름이 끼었**잖아요**.

　　空をちょっと見てください。曇っているじゃないですか。

比較すると？

文型	理由説明	情報提供	確認、強調、提案
-거든요	聞き手が知らない理由	○	×
-잖아요	聞き手が知っている理由	×	○

☞ -거든요と-잖아요は、2つとも「理由」の意味を持つ。しかし-거든요は、聞き手の知らない理由を、-잖아요は聞き手の知っている理由を表す。つまり、-거든요は聞き手が知らないのを前提に、-잖아요は聞き手が知っているのを前提として話すような態度を取る。

違いは何？

가: 한국어를 잘하시네요.

韓国語がお上手ですね。

나: 제가 공부를 열심히 하거든요.

(私が) 勉強を一生懸命にやっていますからね。

☞ 勉強を一生懸命にやっていることを、聞き手が知らなかった。

가: 한국어를 잘하시네요.

韓国語がお上手ですね。

나: 제가 공부를 열심히 하잖아요.

(私が) 勉強を一生懸命にやっているじゃないですか。

☞ 勉強を一生懸命にやっていることを、聞き手が知っていた。

用法 2 聞き手も知っていると思って強調するときに用いる（確認／強調）。あまり強く言うと、怒ったように聞こえる。

① 가: 내 책이 어디 있지?

私の本はどこだっけ？

나: 여기 있잖아.

ここにあるじゃない。

② 가: 한글을 누가 만들었지? 배웠는데 생각이 안 나.

ハングルを誰が作ったんだっけ？ 習ったけど思い出せない。

나: 세종대왕이 만들었잖아.

世宗大王が作ったじゃない。

③ 가: 결혼이 언제라고 했지?

結婚はいつだと言ったっけ？

나: 또 잊어버렸니? 내가 몇 번이나 말했잖아.

また忘れたの？ 私が何回も言ったじゃない。

用法 3 聞き手に何かを提案するときに用いる（提案）。動詞＋ -(으)면 되잖아요の形で用いられる。

① 가: 숙제하려면 봐야 할 책이 많은데 어떡하지요?

宿題をするのに読まなければならない本が多いのですが、どうすればいいでしょうか？

나: 도서관에 가면 되잖아요.

図書館に行けばいいじゃないですか。

② 가: 헤어지게 되어서 섭섭해요.

別れることになって寂しいです。

나: 자주 연락하면 되잖아요.

度々、連絡すればいいじゃないですか。

③ 가: 말하기가 제일 어려워요.

話すことが一番難しいです。

나: 한국 사람과 자주 만나서 이야기하면 되잖아요.

韓国人と、しょっちゅう会って話せばいいじゃないですか。

④ 가: 주말에 혼자 있으면 심심해.

週末に一人でいると退屈だよ。

나: 텔레비전을 보면 되잖아.

テレビを見ればいいじゃない。

38 -네(요)

終結語尾 ~するね・(だ)ね

🔊 하네

接続形式

用 + -네(요)   例 가네요, 먹네요, 만드네요, 좋네요,
학생이네요, 있네요

用法 1 直接経験したことや、新たに知った(感じた)事実に関して話すときに用いる(直接情報)。

🔊 ① 가: 오늘 길이 복잡하네요.

今日は道が混んでいますね。

나: 네, 어제보다 복잡한 것 같아요.

はい、昨日より道が混んでいるようですね。

② 가: 오늘 날씨가 참 춥네요.

今日はとても寒いですね。

나: 네, 옷을 따뜻하게 입어야겠어요.

はい、暖かい服を着ないといけませんね。

③ 가: 한국어를 참 잘하시네요.

韓国語が本当に上手ですね。

나: 고맙습니다.

ありがとうございます。

用法 2 他の人の話を聞いて同意するときに用いる（間接情報＋同意）。

🔊 ① 가: 김치가 조금 맵지요?

キムチが少し辛いでしょう？

나: 그러네요.

そうですね。

② 〈道で〉

가: 오늘 길이 복잡하지요?

今日は道が混んでいるでしょう？

나: 네, 그러네요(복잡하네요).

はい、そうですね（混んでいますね）。

③ 〈食堂で〉

가: 이 식당 음식이 소문대로 맛있지요?

この食堂の料理は、うわさどおりおいしいでしょう？

나: 정말 그러네요(맛있네요).

本当にそうですね（おいしいですね）。

④ 〈ドラマを見ながら〉

가: 저 드라마 재미있지 않아요?

このドラマ、面白くないですか？

나: 정말 재미있네요.

本当に面白いですね。

38 -네(요)

비較すると？

文型	直接情報を話す時	間接情報を話す時
-군요 ⇨ P.141	○	○
-네요	○	×

☞ -군요と-네요は、何か新しい情報を初めて知るようになった場合に使う表現である。話し手が、直接知るようになった情報や事実である場合には-군요と-네요両方とも使える。

〈混んでいる道路を見ながら〉

길이 복잡하군요.

道が混んでいますね。

길이 복잡하네요.

道が混んでいますね。

☞ 上の2つの文には、あまり大きな意味の違いは見られないが、-네요より-군요の表現の方が、驚きの度合いが弱いといえる。

新しい情報を知るようになったが、それが直接知ったことではなく、他の人から聞いた間接情報である場合、-네요は不自然である。

가: 저 다음 달에 결혼합니다.

私、来月結婚します。

나: 그래요? 결혼하는군요. (○)/결혼하네요. (×)

そうですか？　結婚するんですね。

39 -군(요)

🔊 하군

終結語尾 〜するね・(だ) ね

接続形式

動 ＋ -는군(요)　　例 가는군요, 먹는군요, 만드는군요

形 이다 있다 ＋ -군(요)　例 좋군요, 멀군요, 학생이군요,
있군요

用法 1 直接経験したことや、新たに知った (感じた) 事実に関して話すときに用いる (直接情報)。

🔊 ① 가: 학교 앞에 큰 서점이 생겼군요.

学校の前に、大きな書店が出来ましたね。☞ 今知った事実

나: 우리 한번 가 볼까요?

(私たち) 一度行ってみましょうか。

TIP! -네(요)の代わりに使える。

② 가: 머리를 잘랐군요.

髪を切りましたね。☞ 友達の髪を見て気付いた。

나: 네, 어제 미장원에 갔어요.

はい、昨日美容院に行きました。

③ 가: 밖에 나오니까 날씨가 참 춥군요.

外に出たら本当に寒いですね。☞ 外に出て気付いた。

나: 네, 감기 조심해야겠어요.

はい、風邪に気を付けなくちゃいけませんね。

用法 2 他の人に新しい情報を聞いてから話すときに用いる（間接情報）。

① 가: 어제 안도 씨가 고향으로 돌아갔어요.

昨日、安藤さんが故郷に帰りました。

나: 그렇군요 (안도 씨가 고향으로 돌아갔군요).

そうですか (安藤さんが、故郷に帰ったんですね)。

② 가: 우리 학교는 내일부터 방학이에요.

私の学校は、明日から休みです。

나: 그렇군요(내일부터 방학이군요).

そうですか (明日から休みなんですね)。

③ 가: 오늘 학생 식당 메뉴가 비빔밥이래.

今日、学生食堂のメニューがビビンバだって。

나: 그렇구나(비빔밥이구나).

そうなんだ (ビビンバなんだね)。

 TIP! 그렇군의 代わりに그렇구나も使える。

比較すると？ ⇨ P.140

40 -(으)ㄹ 것이다(거야/거예요)

🔊 할 것이다

| 表現 | ～すると思う・(だ)と思う、～するつもりだ |

接続形式

動 形 の母音語幹や
ㄹ語幹、이다　＋ -ㄹ 것이다

例 갈 것이다, 만들 것이다,
아플 것이다, 학생일 것이다

動 形 の子音語幹、
있다　＋ -을 것이다

例 먹을 것이다, 좋을 것이다,
있을 것이다

用法 1　話し手が、自らの持っている情報をもとに確信をもって
推測するときに用いる (確信のある推測)。

🔊 ① 가: 오늘 백화점이 복잡할까요?

今日、デパートは混んでいるでしょうか?

나: 주말이니까 백화점에 사람이 많을 거예요.

週末だから、デパートに人が多いと思いますよ。☞確信のある推測

TIP!

口語 (해요体) では-(으)ㄹ 것이다が-(으)ㄹ 거예요になる。なお、話し手
だけが情報を持つ推測なので、疑問文にはならない。

② 가: 내일 비가 올 거예요.

明日、雨が降ると思います。

☞ 聞き手が知らない情報

나: 어떻게 알아요?

どうして分かるんですか?

가: 일기예보를 봤어요.

天気予報を見ました。

나: 그렇군요.

そうですか。

③ 가: 우리 학교 앞에 새로 생긴 식당에 가 볼래요?

私の学校の前に新しくできた食堂へ行ってみましょうか?

나: 맛있을까요?

おいしいでしょうか?

가: 손님이 항상 많으니까 맛있을 거예요.

いつもお客さんが多いから、おいしいと思いますよ。

☞ 聞き手が知らない情報

나: 좋아요. 가 봅시다.

いいですね。行ってみましょう。

どうして間違い?

❶ 내일 날씨가 추울 거예요?

❷ 그 사람이 노래를 잘할 거예요?

❸ 이 옷이 나한테 어울릴 거예요?

練習1　風邪をひいて病院に行きました。医者と患者の会話を-(으)ㄹ
거예요を使って完成させてください。

환자: 선생님, 어제부터 콧물이 나요.

의사: 약을 먹고 푹 쉬세요.

　　　그럼 ❶ _____ (좋아지다)

환자: 열도 조금 있는데 어떻게 하지요?

의사: 열이 많이 나면 물수건으로 계속 닦아 주세요.

　　　그럼 ❷ _____ (열이 내리다)

환자: 아이스크림 같은 차가운 음식을 먹어도 괜찮아요?

의사: 그런 것은 안 먹는 것이 좋아요.

　　　먹으면 감기가 더 ❸ _____ (심해지다)

환자: 며칠 정도 지나면 감기가 나을까요?

의사: 글쎄요.

　　　3일이나 4일 정도 조심하면 ❹ _____ (낫다)

患者：先生、昨日から鼻水が出ます。

医者：薬を飲んで、ゆっくり休んでください。

そうすれば❶よくなるでしょう。

患者：少し熱もありますが、どうすればいいですか？

医者：熱がある時は、濡らしたタオルでふいてください。

そうすれば❷熱が下がるでしょう。

患者：アイスクリームのような、冷たいものを食べても大丈夫ですか？

医者：そういうものは、食べない方がいいです。

食べると、風邪がもっと❸ひどくなるでしょう。

患者：どれくらいで風邪が治るでしょうか？

医者：そうですね。3日か4日くらい気を付ければ❹治るでしょう。

用法2 自分の計画や強い意志を言ったり、聞き手の計画を尋ねたりするときに用いる（意志）。

① 가: 이번 방학 때 뭐 할 거예요?

今度の休みに何をするつもりですか？

나: 여행 갈 거예요.

旅行するつもりです。

② 가: 점심 때 뭐 먹을 거예요?

お昼に、何を食べるつもりですか？

나: 글쎄요. 냉면 어때요?

そうですね。冷めんはどうですか？

③ 가: 내일 뭐 할 거야?

　　明日、何するつもり？

　나: 친구 만날 거야. 너는?

　　友達に会うつもりよ。あなたは？

　가: 나는 집에서 그냥 쉴 거야.

　　私は、家でごろごろ休むつもり。

 -(으)ㄹ 거예요のぞんざいな言い方は-(으)ㄹ 거야。

どうして間違い？

선생님: 방학 때 뭐 할 거예요?

학생: 여행 갈게요.

엄마: 이거 먹을 거야?

아이: 아니, 안 먹겠어.

練習2　宝くじに当たって、1000万ウォンが手に入りました。そのお金で何をするか、-(으)ㄹ **거예요**を使って計画を立ててみましょう。

〈계획〉

例 옷을 사다　　❶ 여행을 가다　❷ 부모님께 드리다

❸ 학비를 내다　❹ 저금을 하다　❺ 불쌍한 사람을 돕다

❻ (　　　　　　　　　　)　　❼ (　　　　　　　　　　　)

例 옷을 살 거예요.

❶ _____

❷ _____

❸ _____

❹ _____

❺ _____

❻ _____

❼ _____

「計画」

例 服を買う　❶ 旅行をする　❷ 両親にあげる

❸ 学費を出す　❹ 貯金をする　❺ 貧しい人を助ける

例 服を買うつもりです。

比較すると?　⇨ P.155、P.158、P.160、P.164

41 -겠다(-겠어/-겠어요/-겠습니다)

🔊 하겠다

| 表現 | ～する・だ |

接続形式

用 + -겠다　　例 가겠다, 먹겠다, 좋겠다, 학생이겠다, 있겠다

用法 1　話し手が推測したことを聞き手に話すときに用いる（推測）。

🔊 ① 가: 저 선물 좀 보세요.

ちょっと、あのプレゼント見てください。

나: 선물을 많이 받아서 기분이 좋겠어요.

プレゼントをたくさんもらって、気分がいいでしょうね。

☞ 聞き手と情報共有

② 가: 내일 비가 오겠어요.

明日、雨が降りそうです。

나: 어떻게 알아요?

どうして分かるんですか？

가: 하늘을 좀 보세요.

空をちょっと見てください。

나: 구름이 많이 끼어 있네요. 정말 비가 오겠어요.

ずいぶん曇っていますね。本当に、雨が降りそうですね。

☞ 聞き手と情報共有

③ 가: 우리 저 식당에 한번 가 볼래요?

(私たち) あの食堂へ、一度行ってみましょうか？

나: 맛있을까요?

おいしいでしょうか？

가: 저것 보세요. 손님이 많아요.

あれ見てください。お客さんが多いですよ。

나: 그럼 음식이 맛있겠네요. 들어가 봅시다.

それなら、料理がおいしいんでしょうね。行ってみましょう。

☞ 聞き手と情報共有

練習1 **天気予報をよく見ますか。来週の天気を天気予報でどう話しているか、-겠습니다を使って書いてみましょう。**

 TIP!

普通、天気予報では-겠습니다を使って気象情報を知らせる。天気予報を見ている人たちと同じ情報を共有しているわけではないが、-(으)ㄹ 거예요のような、確信のある推測の表現は使わない。つまり、気象情報を知らせると同時に、見ている人と情報を共有しているようなニュアンスを与えるために-겠습니다を使うのである。

월요일 : 맑다

화요일 : 비가 오다

수요일 : 구름이 조금 끼다

목요일 : 바람이 많이 불다

금요일 : 흐리고 가끔 소나기가 내리다

토요일 : 안개가 많이 끼다

일요일 : 화창하다

例 월요일에는 맑겠습니다.

❶ _____

❷ _____

❸ _____

❹ _____

❺ _____

❻ _____

> 月曜日：晴れる
> 例 月曜日には晴れるでしょう
> 火曜日：雨が降る
> 水曜日：少し曇る
> 木曜日：風が強い
> 金曜日：曇り時々にわか雨
> 土曜日：霧が濃い
> 日曜日：のどかだ

用法 2 自分の意志を控えめに表すときに用いる（控えめな意志）。

① 가: **김 사장님 계십니까?**

キム社長はいらっしゃいますか？

나: **아니요, 지금 안 계십니다.**

いいえ、今おりません。

가: **그럼 나중에 다시 전화하겠습니다.**

では後でかけなおします。☞ 自分の意志を丁寧に表す。

TIP!
-겠습니다は意志表現である。また疑問形（-겠습니까?）で使うと、丁寧に相手の意思を尋ねるニュアンスになる。-겠습니까?は-(으)ㄹ 거예요?よりもっと丁寧な表現である。

② 〈食堂で〉

　가: 손님, 무엇으로 하시겠습니까?

　　お客さま、何になさいますか？

　　☞ 聞き手の意志を丁寧に尋ねる。

　나: 돌솥비빔밥으로 주세요.

　　石焼きビビンバをください。

③ 가: 누가 이 일을 하겠습니까?

　　誰がこの仕事をしますか？

　나: 제가 하겠습니다.

　　私がします。

　가: 언제까지 하겠습니까?

　　いつまでにしますか？

　나: 내일까지 하겠습니다.

　　明日までにします。

練習2 会社で、上司と部下が話し合っています。**-겠습니다**を使って会話を完成させましょう。

상사: 지난번에 말한 계획서 다 썼습니까?

부하직원: 아니요, 아직 못 썼습니다.

상사: 내일까지 다 쓰십시오.

부하직원: 네, 내일까지 다 ❶＿＿＿＿＿＿＿ (쓰다)

상사: 내가 2시에 잠깐 나가야 하는데 급한 일이 있으면 연락하십시오.

부하직원: 네, 급한 일이 있으면 ❷＿＿＿＿＿＿＿ (연락하다)

상사: 5시쯤 내가 모두에게 할 이야기가 있으니까 퇴근하지 말고 기다리십시오.

부하직원: 네, ❸＿＿＿＿＿＿＿ (기다리다)

上司：この間言った計画書は、出来上がりましたか？
部下：いいえ、まだ終わっていません。
上司：明日までに書き終えてください。
部下：はい、明日までに❶書き終えます。
上司：私が2時にちょっと出かけなければいけないけど、急ぎのことがあったら連絡ください。
部下：はい、急ぎのことがあったら❷連絡します。
上司：5時くらいに私が皆に話すことがあるから、退社せずに待っていてください。
部下：はい、❸待っています。

比較すると？

文型	推測	意志
-(으)ㄹ 거예요	聞き手と話し手との 情報の非共有	聞き手には関係ない 強い意志
-겠어요	聞き手と話し手との 情報の共有	聞き手を配慮した意志

違いは何？

❶ **점원: 손님, 무엇으로 하시겠습니까? (○)/ 하실 거예요?(△)**

店員：お客さま、何になさいますか？

손님: 만두국으로 주세요.

客：ギョーザスープをください。

☞ 聞き手の意志を尋ねる場合、-(으)ㄹ **거예요?**よりも-**겠습니까?**がより丁寧な
表現である。そのため店の客に対しては丁寧な意志表現の-**겠습니까?**を使う。

❷ **상사: 오늘 안에 이 일 좀 끝냈으면 좋겠는데…….**

上司：今日中に、ちょっとこの仕事を仕上げてもらいたいんだけど……。

부하 직원: 네, 끝내겠습니다. (○) /끝낼 거예요. (△)

部下：はい、仕上げます。

☞ 聞き手に配慮し、話し手の意志を丁寧に表現するためには-**겠습니다**を使う。
-(으)ㄹ **거예요**は、聞き手と関係ない計画や意志を述べる場合に用いられる。

比較すると？ ⇨ P.160

42 -(으)ㄹ게(요)

◁») 할게

終結語尾 ～するよ

接続形式

動 の母音語幹やㄹ語幹 + -ㄹ게(요)　　例 갈게요, 만들게요

動 の子音語幹、**있다** + -을게(요)　　例 먹을게요, 있을게요

☞ 있다と一緒に使われるが、없다とは使われない。

用法 1 自分がすることを聞き手に約束するときに用いる (約束・誓い)。

◁»)
① 가: 오늘 일찍 들어와라. 알았지?

今日、早く帰って来なさい。分かった?

나: 네, 일찍 올게요. 엄마.

はい、早く帰ります。お母さん。

TIP!
聞き手に依頼されたことを約束する時、使う主語は常に「私」。聞き手と約束をする場合、그럴게(요)に入れ替えることができる。質問には使えない。

② 가: 오늘 저녁에 전화해.

今日の夕方、電話して。

나: 알았어. 전화할게(그럴게).

分かった。電話するよ (そうするよ)。

156

③ 가: 생일에 뭐 사 줄까?

誕生日に、何を買ってあげようか？

나: 책 사 주세요.

本を買ってください。

가: 그래, 사 줄게(그럴게).

分かった、買ってあげるよ (そうするよ)。

④ 가: 여러분, 조용히 하세요.

皆さん、静かにしてください。

나: 네, 조용히 할게요(그럴게요).

はい、静かにします (そうします)。

| 練習 | 他の人に約束したり誓ったりする場合、どう答えればいいでしょうか。-(으)ㄹ게(요)を使って答えてみましょう。 |

❶ 가: 고향에 가도 꼭 연락하세요.

나: 네, _____ (연락하다)

❷ 가: 여기서 잠깐만 기다려 줘.

나: 알았어. _____ (기다리다)

❸ 가: 내일 약속 시간에 늦지 마세요.

나: 네, _____ (늦지 않다)

❹ 가: 내가 지금 한 말을 다른 사람한테 하면 안 돼.

나: 걱정하지 마. _____ (말 안 하다)

42 -(으)ㄹ게(요)

❶ カ：故郷に帰っても、必ず連絡してください。

　ナ：はい、連絡します。

❷ カ：ここで、しばらく待ってて。

　ナ：分かった。待ってるよ。

❸ カ：明日の約束の時間に、遅れないでください。

　ナ：はい、遅れません。

❹ カ：私が今言ったことを、他の人に言ってはいけないよ。

　ナ：心配しないで。言わないよ。

比較すると？

文型	意志	約束の意味	聞き手との関係
-(으)ㄹ게요	-(으)ㄹ 거예요 の方がもっと 強い意志を表す	○	○ (聞き手を配慮)
-(으)ㄹ 거예요		×	×

가: 여러분, 열심히 공부하세요.

皆さん、一生懸命勉強してください。

나: 열심히 할게요.

一生懸命やります。(聞き手との約束 ＞ 話し手の意志)

가: 여러분, 열심히 공부하세요.

皆さん、一生懸命勉強してください。

나: 열심히 할 거예요.

一生懸命にするつもりです。(聞き手との約束 ＜ 話し手の意志)

用法 2　話し手の意志を表す（意志）。

🔊 ① 가: 이제 그만 집에 **갈게**.

もうそろそろ、家に帰るよ。

나: 그래. 조심해서 가.

うん。気を付けて帰ってね。

② 가: 오늘 제가 점심 **살게요**.

今日、私が昼ごはんおごります。

나: 정말요? 잘 먹을게요.

本当ですか？　いただきます。

③ 가: 제가 청소할게요. 엄마는 쉬세요.

私が掃除します。お母さんは、休んでください。

나: 그래, 고맙다.

そう、ありがとう。

④ 가: 선생님, 사전 좀 **볼게요**.

先生、辞書をちょっと見ます。

나: 네, 보세요.

はい、見てください。

どれが正しい?

❶ 가: 잠깐만 기다려 주세요.

ちょっと待ってください。

나: 싫어요. (안 기다릴게요/안 기다릴 거예요).

いやです。待ちません。

❷ 가: 이것 좀 도와 주세요.

これ、ちょっと手伝ってください。

나: 네, (도와 드릴게요/도와 드릴 거예요).

はい、手伝います。

比較すると?

文型	推測	意志
-(으)ㄹ 거예요	○ (情報の非共有、確信のある推測)	○ (聞き手を排除)
-겠어요	○ (情報共有)	○ (聞き手を考慮)
-(으)ㄹ걸요 ⇨ P.165	○ (不確実な推測)	×
-(으)ㄹ게요	×	○ (聞き手を考慮、約束)

43 -(으)ㄹ래(요)

🔊 할래

終結語尾　～するよ

接続形式

動 の母音語幹やㄹ語幹 ＋ -ㄹ래(요)　　例 갈래요, 만들래요

動 の子音語幹、있다　 ＋ -을래(요)　　例 먹을래요, 있을래요

☞ 있다と一緒に使われるが、없다とは使われない。

用法 1 　話し手の計画と意志を表すときや、聞き手の意思を尋ねるときに用いる(意志)。

🔊 ① 저는 김치찌개로 할래요.

私はキムチチゲにします。

-(으)려고 하다、-(으)ㄹ 거예요を柔らかく言う表現。

---

1. 主語が「私」の場合：自分の計画と意志を話す。

② 텔레비전 안 볼래.

テレビ見ない。

③ 일찍 일어날래요.

早く起きます。

④ **오늘부터 매일 운동할래요.**

今日から毎日運動します。

⑤ **저는 여기 앉을래요.**

私はここに座ります。

2. 主語が「あなた」の場合：聞き手の計画と意志を尋ねる。

⑥ **언제까지 숙제를 해 올래요?**

いつまでに、宿題をやってきますか？

⑦ **내 자리는 여기인데 종호 씨는 어디에 앉을래요?**

私の席はここですが、チョンホさんはどこに座りますか？

⑧ **저는 냉면을 먹으려고 하는데, 현미 씨는 뭘 드실래요?**

私は冷めんを食べようと思いますけど、ヒョンミさんは、何を召し上がりますか？

⑨ **내일 우리 집에 놀러 올래요?**

明日、家に遊びに来ますか？

⑩ **몇 시에 올래요?**

何時に来ますか？

用法 2 -아/어 주세요、-(으)세요を軟らかく表現するときに用いる (柔らかい要請・命令)。

① 〈식당에서〉 저기요, 여기 김치 좀 더 주실래요?

〈食堂で〉すみません、キムチのおかわりもらえますか?

② 〈지하철에서〉 내리려고 하는데 좀 비켜 주실래요?

〈地下鉄で〉降りるので、ちょっとどいてもらえますか?

③ 시끄러우니까 조용히 할래요?

うるさいから、静かにしてくれますか?

④ 내 얘기 좀 들을래요?

私の話を、ちょっと聞いてくれますか?

⑤ 내일 시간 좀 내 줄래요?

明日、ちょっと時間をつくってくれますか?

⑥ 이것 좀 치워 주실래요?

これちょっと片付けてもらえますか?

用法 3 聞き手に何かを一緒にする意向があるかを尋ねるとき
に用いる（提案）。

⊲⟫ ① **같이 차 한잔 하실래요?**
一緒に、お茶（一杯）しましょうか？

TIP! 같이、우리、함께などの語を伴うことが多い。

② **같이 식사할래요?**
一緒に食事しましょうか？

③ **우리 결혼할래요?**
私たち、結婚しましょうか？

④ **일요일에 함께 등산 갈래요?**
日曜日に、一緒に登山に行きましょうか？

比較すると？ ⇨ P.100、P.102

意味	-(으)ㄹ래(요)に似た表現	主語
1. 意志	-(으)ㄹ 거예요 -(으)려고 해요	1人称、2人称
2. 要請、命令	-아/어 주세요	2人称
3. 提案	-(으)ㄹ까요? -(으)ㅂ시다	1人称（私たち）

44 -(으)ㄹ걸(요)

🔊 할걸

終結語尾　〜するだろう・だろう

接続形式

| 動 形 の母音語幹やㄹ語幹、
이다 | + -ㄹ걸(요) | 例 갈걸요, 만들걸요,
아플걸요, 학생일걸요 |

| 動 形 の子音語幹、
있다 | + -을걸(요) | 例 먹을걸요, 좋을걸요,
있을걸요 |

用法　-(으)ㄹ 거예요より不確実な推測を述べるときに用いる
（推測）。話し手のみ情報を持っている時。抑揚は上がる。

🔊 ① 가: 저 옷 얼마나 할까요?

あの服、どれくらいするのでしょうか?

나: 저 옷은 비쌀걸요.

あの服は高いと思いますよ。

가: 왜요?

どうしてですか?

나: 저기서 나온 옷은 다 비싸요.

あそこの服は全部高いですよ。

② 가: 이쪽은 차가 막힐걸요.

　こちらは、道が混んでいると思いますけどね。

　나: 그래요? 그럼 저쪽으로 가 봅시다.

　そうですか？ それなら、あちらへ行ってみましょう。

③ 가: 이번 시험이 어려울까요?

　今度の試験は、難しいでしょうか？

　나: 아마 어려울걸요.

　多分、難しいと思いますよ。

　가: 어떻게 알아요?

　どうして分かるのですか？

　나: 선생님이 지난 시험보다 어렵다고 하셨잖아요.

　先生が、前回の試験より難しいとおっしゃったじゃないですか。

比較すると？　⇨ P.160

45 -(으)ㄹ 것 같다 할 것 같다

表現 ～しそうだ・そうだ、～すると思う・(だ) と思う

接続形式

動 形 の母音語幹や
ㄹ語幹、이다 ＋ -ㄹ 것 같다

例 갈 것 같다, 만들 것 같다,
아플 것 같다, 학생일 것 같다

動 形 の子音語幹、
있다 ＋ -을 것 같다

例 먹을 것 같다, 좋을 것 같다,
있을 것 같다

用法 1 根拠のある推測や、根拠のない推測を述べるときに用いる (推測)。

① 하늘을 보니까 비가 올 것 같아요.

空を見たら、雨が降りそうですね。

TIP! 推測の根拠 (理由) がある場合、-(으)ㄴ/는 걸 보니까 (～する・(な) ところを見ると) などの表現を一緒に使うことができる。

② 키가 크고 예쁜 걸 보니까 저 사람은 직업이 모델일 것 같아요.

背が高くてきれいだから、あの人は職業がモデルだと思います。

③ 냄새가 좋은 걸 보니까 이 음식이 맛있을 것 같아요.

においがいいから、この料理はおいしいでしょう。

④ 왠지 오늘 비가 올 것 같다.

なんだか、今日雨が降りそうだ。

TIP!

> 推測の根拠 (理由) がない場合、내 생각에는 (私の考えでは)、내가 보기
> 에는 (私が見るには、私が思うには)、왠지 (なぜか)、어쩐지 (何となく)、
> 그냥 (わけもなく) などの表現を一緒に使うことができる。

⑤ (제주도에 안 가 봤지만) 내 생각에는 제주도가 아름다울 것 같
아요.

(済州島に行ったことはないが) 私の考えでは、済州島は美しいと思います。

違いは何？

❶ 지금 철수는 집에서 자는 것 같습니다.

今、チョルスは家で寝ているらしいです。

☞ 推測の根拠がある場合。例えば、チョルスの家に電話をしたら、チョルスのお母さ
んが出て「今、寝ている」と言われたため、他の人にそれを伝えるときに使う。

❷ 지금 철수는 집에서 잘 것 같습니다.

今、チョルスは家で寝ているでしょう。

☞ 推測の根拠がないか、❶の例より根拠が弱い場合。チョルスを見ていない状況で、
チョルスが何をしているかを推測する。

☞ -는/(으)ㄴ 것 같다と-(으)ㄹ 것 같다は共に「現在推測」の意味を持つが、推測の根
拠には差がある。つまり、推測の根拠：-는/(으)ㄴ 것 같다 ＞ -(으)ㄹ 것 같다となる。

用法 2　柔らかく伝えたり、遠回しに伝えたり、断定的に伝えないときに用いる（えん曲）。

🔊 ① 가: **이 옷이 나한테 어울려?**

この服、私に似合う？

　나: **글쎄, 안 어울릴 것 같은데…….**

そうね、似合わないと思うけど……。

☞ **안 어울려** （似合わない）をえん曲に表現

② 가: **내일 우리 집에 올 수 있어?**

明日、家に来られる？

　나: **미안해. 못 갈 것 같아.**

ごめん、行けないと思う。

③ 가: **선생님, 제 한국어 발음이 어때요?**

先生、私の韓国語の発音はどうですか？

　나: **좀 더 연습을 해야 될 것 같아요.**

もう少し練習をしなければならないと思います。

比較すると？　⇨ P.100、P.172

-나 보다, -(으)ㄴ가 보다

🔊 하나 보다, 한가 보다

～するみたいだ・みたいだ

接続形式

| 動 있다 | + -나 보다 | 例 가나 보다, 먹나 보다, 있나 보다 |

| 形 の母音語幹やㄹ語幹、
이다 | + -ㄴ가 보다 | 例 아픈가 보다, 먼가 보다, 학생인가 보다 |

| 形 の子音語幹 | + -은가 보다 | 例 작은가 보다, 좋은가 보다 |

用法 根拠・理由がある推測を述べるときに用いる（推測）。

🔊 ① (수업 중에 힘들어하는 모습을 보니까)
진미 씨가 오늘 아픈가 봐요.

(授業中に苦しんでいる様子を見ると)
チンミさんは今日体調が悪いみたいです。

直接経験していないため、確実には分からない場合に使う。-나 보다には、
話し手の疑いの態度が感じられ、-는/(으)ㄴ 걸 보니까 (～する・(な) とこ
ろを見ると) と一緒に使うことができる。また根拠のある推測の-는/(으)ㄴ
것 같다と入れ替えることができる。

② (극장 앞에 사람들이 많은 걸 보니까) 영화가 재미있**나 보다**.

　(劇場の前に人が多いところを見ると) 映画が面白いみたい。

③ (선생님의 표정이 안 좋은 걸 보니까) 기분이 안 좋으**신가 봅니다**.

　(先生の顔色がよくないところを見ると) 機嫌が悪いみたいです。

④ (친구가 요즘 연락을 안 하는 걸 보니까) 바쁜**가 봐요**.

　(友達から最近連絡が来ないから) 忙しいみたいです。

⑤ (저 사람이 살이 찐 걸 보니까) 많이 먹**나 봐요**.

　(あの人が太ったのを見ると) たくさん食べるみたいです。

⑥ (내 친구의 시험 점수가 나쁜 걸 보니까) 공부를 안 했**나 봅니다**.

　(私の友達の試験の点数が悪いから) 勉強をしていなかったみたいです。

どれが正しい？

❶ 제가 김치를 먹어 보니까 (매운 것 같아요/매운가 봐요).

私がキムチを食べてみたところ、辛いみたいです。

❷ 제 생각에는 파란 색이 빨간 색보다 (좋은 것 같아요/좋은가
봐요).

私が思うには、青の方が赤よりいいと思います。

❸ 옆 반에서 웃음소리가 들려요. 수업이 (재미있는 것 같아요/재
미있나 봐요).

隣のクラスから笑い声が聞こえます。授業が面白いみたいです。

比較すると？

文型	根拠のない推測 （主観的推測）	根拠のある推測 （客観的推測）
-는/(으)ㄴ 것 같다	○	○
-나 보다, -(으)ㄴ가 보다	×	○

47 -아/어 버리다

🔊 해 버리다

表現　〜してしまう

接続形式

動 の陽語幹 + **-아 버리다**　例 가 버리다, 끝나 버리다

動 の陰語幹 + **-어 버리다**　例 먹어 버리다, 써 버리다

用法 1　主語の意志によって起きた結果であることを強調するときに用いる（強調）。

🔊 ① 회사를 그만둬 버렸어요.

会社をやめてしまいました。

② 냉장고의 과일을 혼자 다 먹어 버렸습니다.

冷蔵庫の果物を、一人で全部食べてしまいました。

③ 친구가 안 와서 먼저 가 버렸어.

友達が来なくて、先に行ってしまったの。

④ 내 비밀을 다른 친구에게 말해 버렸어.

私の秘密を、他の友達に言ってしまった。

47 -아/어 버리다

用法 2 主語の意志とは関係なく生じた結果について残念がるときに用いる（残念さ／名残惜しさ）。

① **겨울도 다 지나가 버렸습니다.**

冬も過ぎてしまいました。

② **이번 학기가 끝나 버렸습니다.**

今学期が終わってしまいました。

③ **늦게 가서 비행기를 놓쳐 버렸어.**

遅れて、飛行機を逃してしまった。

比較すると？ ⇨ P.177

48 -고 말다

🔊 하고 말다

表現　～してやる、～してしまう

接続形式

動 + -고 말다　　例 가고 말다, 먹고 말다

用法 1　ある結果を成し遂げようという主語の意志について強調するときに用いる（強調）。

🔊 ① **다음 시합에서 꼭 이기고 말 거야.**
次の試合で、必ず勝ってやる。

② 대학 시험에 합격하고 말겠습니다.
大学試験に合格してみせます。

③ 오늘 숙제를 끝내고 말 거야.
今日、宿題を終えてやる。

用法 2　結果に対する残念な気持ち、寂しさを表すときや、望まない結果が生じたことを表すときに用いる（残念さ／名残惜しさ）。

🔊 ① **오랫동안 사귄 애인과 헤어지고 말았어요.**
長い間付き合った恋人と別れてしまいました。

② 피곤해서 세수도 안 하고 자고 **말았어요**.

疲れて、顔も洗わないで寝てしまいました。

③ 친구와의 약속을 깜빡 잊어버리고 **말았다**.

友達との約束を、うっかり忘れてしまった。

④ 길을 건너다가 교통사고가 나고 **말았습니다**.

道を渡っていて、交通事故が起きてしまいました。

⑤ 이번 달 월급을 다 쓰고 **말았어요**.

今月の給料を使い切ってしまいました。

⑥ 축구 시합에서 우리 팀이 지고 **말았어요**.

サッカーの試合で、うちのチームが負けてしまいました。

⑦ 대학 시험에서 떨어지고 **말았어요**.

大学の試験に落ちてしまいました。

⑧ 드디어 너도 결혼하고 **마는구나**.

ついに、あなたも結婚してしまうのね。

どれが正しい?

❶ 갑자기 일이 생겨서 친한 친구의 결혼식에 (못 가 버렸어요/못 가고 말았어요).

急用ができて、親しい友達の結婚式に行けなくなってしまいました。

❷ 화가 나서 일부러 소리를 (질러 버렸어요/지르고 말았어요).

腹が立って、わざと大声を出してしまいました。

❸ 모르는 사이에 지하철에서 지갑을 (떨어뜨려 버렸어요/떨어뜨리고 말았어요).

知らないうちに、地下鉄で財布を落としてしまいました。

比較すると？

文型	動作の強調	さっぱりした気持ち	寂しい気持ち
-아/어 버리다	○	○	△
-고 말다	○	△	○

違いは何？

그 사람과 헤어져 버렸어요.　あの人と別れてしまいました。

☞ さっぱりした気持ち、主語の意志が強く働く。

그 사람과 헤어지고 말았어요.　あの人と別れてしまいました。

☞ 寂しく、名残惜しい気持ち。主語の意志より、周りの状況によって仕方なくそうなったようなニュアンス。

49 -아/어지다

表現 ～になる・くなる、～される

◁)) 해지다

[接続形式]

動 形 の陽語幹 + **-아지다**　例 쏟아지다, 좋아지다, 작아지다

動 形 の陰語幹、
있다　+ **-어지다**　例 느껴지다, 만들어지다, 커지다,
　　　　　　　　　　　 예뻐지다, 재미있어지다

☞ 없다や재미있다、맛있다などとは一緒に使われるが、単独の있다とは使われない。

用法 1　以前と比べて、形や状態が変化したことを表す（状態の変化）。

◁))　① 한국에 와서 한국 친구가 많**아졌어요**. (많다 ➡ 많아지다)
　　　 韓国に来て、韓国人の友達が増えました。

TIP!　この用法は形容詞だけに使える。

② 우유를 많이 마셔서 키가 커**졌어요**. (크다 ➡ 커지다)
　 牛乳をたくさん飲んで、背が高くなりました。

③ 선생님이 화를 내시면 학생들이 조용해**져요**. (조용하다 ➡ 조용해지다)
　 先生が怒ると、学生たちが静かになります。

④ 아까 여기 있었는데 내 책이 없**어졌어요**. (없다 ➡ 없어지다)
　 さっきここにあったのに、私の本がなくなりました。

⑤ 밤이 되면 **깜깜해집니다**. (깜깜하다 ➡ 깜깜해지다)

夜になると、暗くなります。

⑥ 처음에는 재미없었는데 요즘 공부가 재미있**어졌어요**. (재미있다 ➡ 재미있어지다)

最初は面白くなかったけど、最近勉強が面白くなりました。

⑦ 그 사람이 점점 **싫어져요**. (싫다 ➡ 싫어지다)

あの人がだんだん嫌いになります。

練習1　以前と比べて今の形や状態が変化したもの（こと）はありますか。
どんな変化があったのか、**-아/어지다**を使って話してみましょう。

過去	現在
例 옛날에는 거리가 복잡하지 않았다.	요즘은 거리가 복잡하다.
❶ 아침에는 날씨가 좋았다.	지금은 흐리다.
❷ 작년에는 쌌다.	올해는 비싸다.

例 옛날에는 거리가 복잡하지 않았는데 요즘은 복잡해졌어요.

❶

❷

> 例 昔は、道が混んでいなかった。　最近は、道が混んでいる。
> ❶ 朝は、天気がよかった。　　　　今は、曇っている。
> ❷ 去年は、安かった。　　　　　　今年は、高い。
> 例 昔は道が混んでいなかったけど、最近は混むようになりました。

用法2 自分の意志とは関係なく行われることを表す (受身)。

🔊 ① **그릇이 떨어져서 깨졌어요.** (깨다 ➡ 깨지다)
器が落ちて割れました。

TIP! この用法は動詞だけに使える。

② **약속이 지켜지는 사회가 좋은 사회입니다.** (지키다 ➡ 지켜지다)
約束の守られる社会が、よい社会です。

③ **시험 날짜가 정해졌습니다.** (정하다 ➡ 정해지다)
試験の日が決まりました。

④ **제 꿈이 이루어지면 좋겠습니다.** (이루다 ➡ 이루어지다)
私の夢が、かなえばいいと思います。

⑤ **글씨가 지워져서 잘 안 보입니다.** (지우다 ➡ 지워지다)
文字が消えて、よく見えません。

⑥ **자동차 공장에서 자동차가 만들어집니다.** (만들다 ➡ 만들어지다)
自動車工場で、自動車が作られます。

練習2 次の質問に対する適切な答えを**-아/어지다**を使って書いてみましょう。

❶ 설거지를 하다가 접시를 떨어뜨렸어요.

　그래서 접시가 ＿＿＿＿＿＿＿＿＿ (깨다)

❷ 내 꿈은 가수입니다.

　언젠가 그 꿈이 ＿＿＿＿＿＿＿ 면 좋겠습니다. (이루다)

❸ 자동차 공장은 자동차가 ＿＿＿＿＿＿＿ 는 곳입니다.

　(만들다)

> ❶ 皿洗いをしていたら、皿を落としました。それで皿が割れました。
> ❷ 私の夢は歌手です。いつかその夢がかなえばいいと思います。
> ❸ 自動車工場は、自動車が作られる所です。

49　-아/어지다

何が違う？

〈皿洗いをしていたら〉

❶ **엄마, 제가 접시를 깼어요.**　お母さん、私が皿を割りました。

　☞ 皿を割った責任は、自分にある。

❷ **엄마, 접시가 깨졌어요.**　お母さん、皿が割れました。

　☞ 自分の責任というよりは、他の理由のために皿が割れたと責任を回避するニュ
　　　アンス。

比較すると？　⇨ P.184

50 -게 되다

表現　〜になる・くなる、〜するようになる

◁))하게 되다

接続形式

動形 + -게 되다　例 보게 되다, 먹게 되다, 알게 되다,
크게 되다, 작게 되다

用法 1　以前はそうではなかったことが変化したことを表す（状況の変化）。

◁))
① 처음에는 그 사람을 싫어했는데 점점 좋아하게 되었어요.

初めはあの人が嫌いでしたが、だんだん好きになりました。

② 한국에 처음 왔을 때는 김치를 못 먹었는데 지금은 먹게 되었어요.

韓国に初めて来たときには、キムチが食べられませんでしたが、今は食べるようになりました。

③ 가을이 되면 나뭇잎이 누렇게 됩니다.

秋になれば、木の葉は黄色くなります。

☞ 青い木の葉 ➡ 黄色くなる

④ 요리를 잘 못 했는데 혼자 살면서 잘하게 되었습니다.

料理が下手でしたが、一人暮らしをしていて上手になりました。

50 -게 되다

比較すると？

表現	変化
形容詞 + **-아/어지다**	内的変化 (本質の変化)
形容詞 + **-게 되다**	外形変化 (結果、形の変化)

☞ -아/어지다と-게 되다は、2つとも変化を表す表現である。ただし、その変化の質には違いがある。

違いはどこ？

찌개가 짜졌어요. チゲが塩辛くなりました。
찌개가 짜게 되었어요. チゲが塩辛くでき上がりました。

☞ **찌개가 짜졌어요**は、塩を入れすぎて初めより味が変化したということ。**찌개가 짜게 되었어요**は、前に作ったチゲと比べて味が変わっていること。つまり、次のような文では、その違いが明らかになる。

소금을 많이 넣어서 찌개가 짜졌어요.
塩を入れすぎて、チゲが塩辛くなりました。
오늘은 어제보다 찌개가 짜게 되었어요.
今日は、昨日よりチゲが塩辛くでき上がりました。

| 練習1 | 岡田さんが韓国に留学に行きました。故郷での生活と韓国での生活がどう変わったかを比べてみましょう。 |

故郷で	韓国に来て
부모님과 함께 살았어요.	혼자 살아요.
요리를 해 본 적이 별로 없었어요.	직접 요리해요.
친구들을 자주 만났어요.	고향 친구들을 자주 만날 수 없어요.
한글을 읽을 수 없었어요.	한글을 읽을 수 있어요.

例 오카다 씨는 고향에서 부모님과 함께 살았어요.

　그런데 한국에 와서 혼자 살게 되었어요.

❶ _____

❷ _____

❸ _____

両親と一緒に暮らしました。　　　　　　　　一人で暮らします。
料理をしたことが、あまりありませんでした。　自分で料理します。
友達によく会いました。　　　　　　　　　故郷の友達にあまり会えません。
ハングルが読めませんでした。　　　　　　ハングルが読めます。

例 岡田さんは、故郷で両親と一緒に暮らしていました。
　ところが、韓国に来て一人で暮らすことになりました。

用法 2 主語の意志と関係なく、何かが起こることを表す（受身）。

① **친구 소개로 남편을 알게 되었어요.**
友達の紹介で、夫と知り合うことになりました。

② **시험을 본 결과 3급에서 공부하게 되었습니다.**
試験を受けた結果、3級（のクラス）で勉強することになりました。
☞ 私が3級を選んだのではない。

③ **부모님의 일 때문에 지방으로 가게 되었습니다.**
両親の仕事のため、地方に行くことになりました。
☞ 私が地方に行こうとしたのではない。

④ **교통사고로 입원하게 되었어요.**
交通事故で、入院することになりました。

⑤ **할 수 없이 그 일을 하게 되었습니다.**
仕方なく、その仕事をすることになりました。

⑥ **회사 사정이 안 좋아서 곧 일을 그만두게 됩니다.**
会社の事情がよくないので、すぐに仕事を辞めることになります。

⑦ **우연히 길에서 친구를 만나게 되었습니다.**
偶然、道で友達に会いました。

練習2 韓国語の勉強を終えて故郷へ帰る河西さんが友達にあいさつをします。-게 되다を使ってあいさつをしてみましょう。

友達に言いたいこと

例 저는 내일 일본으로 갑니다.

2시 비행기를 탑니다.

여러분과 헤어져서 슬픕니다.

함께 공부해서 기뻤습니다.

다시 만나면 좋겠습니다.

-게 되다に変える

例 저는 내일 일본으로 가게 되었습니다.

❶

❷

❸

❹

> 例 私は明日、日本に帰ります。
> 2時の飛行機に乗ります。
> 皆さんと別れて、悲しいです。
> 一緒に勉強して、うれしかったです。
> もう一度会えればいいと思います。
> 例 私は明日、日本に帰ることになりました。
> ❶ 2時の飛行機に乗ることになりました。
> ❷ 皆さんと別れることになって、悲しいです。
> ❸ 一緒に勉強することになって、うれしかったです。
> ❹ もう一度会えることになればいいと思います。

❶ 〈美容院で〉

점원: 손님, 머리 다 됐습니다. 마음에 드세요?

店員：お客さま、もう終わりました。お気に召しますか？

손님: 네. (예쁘게 됐네요/예뻐졌네요).

お客さん：はい。いいですね (きれいになりましたね)。

❷ 요즘 물건 값이 (비싸게 되었어요/비싸졌어요).

最近物価が高くなりました。

❸ 어릴 때 만화책을 읽었을 때는 참 재미있었는데 요즘은 (재미
없게 됐어요/재미없어졌어요).

小さいころに漫画を読んだ時は、とても面白かったのですが、最近は面白く
なくなりました。

❹ 오늘 만든 찌개는 어제보다 더 (맛있게 됐어요/맛있어졌어요).

今日作ったチゲは、昨日よりもっとおいしくできました。

違いは何？

❶ 약속 시간을 정했어요.

約束の時間を、決めました。

☞ 主語の意志で決める。

❷ 약속 시간을 정하게 되었어요.

約束の時間を、決めることになりました。

☞ 何かの理由で主語が約束の時間を決める。

❸ 약속 시간이 정해졌어요.

約束の時間が、決まりました。

☞ 主語の意志と関係なく約束の時間が決まる。

☞ 主語の意志は❶＞❷＞❸となる。主語の責任を減らすために、実際には❶の状況 であるにもかかわらず**정하게 되었어요**や**정해졌어요**のような受身の表現を使う場 合もある。

<table>
<tr><td>51</td><td>-답다</td><td>◁)) 답다</td></tr>
<tr><td>接尾辞</td><td>~らしい</td><td></td></tr>
</table>

接続形式

名 + -답다　　例 남자답다, 학생답다

用法　ある名詞が、本来持つべき資格を備えていることを表す（資格）。

◁)) ① 제 여자 친구는 정말 여자다워요.

私の彼女は本当に女性らしいです。

② 승기는 학생다운 학생이에요.

スンギは学生らしい学生です。

③ 어른은 어른다운 행동을 해야 해요.

大人は大人らしい振る舞いをしなければなりません。

④ 그 사람은 매우 군인답습니다.

あの人はとても軍人らしいです。

⑤ 말하기 시험에서 1등을 한 사람답게 한국말을 잘하는군요.

スピーキングの試験で1位になった人らしく、韓国語が上手ですね。

⑥ 그 회사에는 국내 최고의 회사답게 우수한 직원들이 많이 있습니다.

その会社には、国内最高の会社らしく、優秀な社員（職員）がたくさんいます。

⑦ 우리 반에는 여자다운 여자가 한 명도 없다.

うちのクラスには、女らしい女が一人もいない。

⑧ 너답지 않게 왜 그래?

君らしくもなくどうしたの？

練習　次の表を完成させましょう。

태도や姿	名詞 + -다운 + 名詞
例 씩씩하다	남자다운 남자
❶ 공부를 열심히 한다. 학교에 일찍 온다. 숙제를 잘한다. 선생님 말씀을 잘 듣는다.	(　　　　)다운 (　　　　)
❷ 학생들을 열심히 가르친다. 학생들의 질문에 친절하게 답한다. 수업 시간을 잘 지킨다.	(　　　　)다운 (　　　　)

例 たくましい。男らしい男
❶ 勉強を頑張る。
　学校に早く来る。
　宿題を頑張る。
　先生の言うことをよく聞く。
❷ 学生たちを一生懸命に教える。
　学生たちの質問に親切に答える。
　授業時間を守る。

比較すると？ ⇨ P.193

52 -스럽다

接尾辞　～らしい

◁)) 스럽다

접続形式

名 + -스럽다　例 사랑스럽다, 자연스럽다

用法　その名詞が持つ意味や性質を備えているように見える
ときに用いる（姿／性質）。

◁)) ① 그 아이는 어른스러워요.

あの子は大人っぽいです。

② 그것은 바보스러운 행동입니다.

それは、ばからしい行動です。

③ 이 옷은 나에게 조금 사치스럽다.

この服は私にはちょっとぜいたくだ。

④ 그 여자는 언제나 가족에 대해 자랑스럽게 말해요.

あの女性は、いつも家族について自慢げに話します。

⑤ 집을 참 고급스럽게 꾸미셨네요.

家をとても高級な感じに飾りましたね。

⑥ 한국어로 자연스럽게 대화하고 싶어요.

韓国語で、自然に会話したいです。

比較すると？

文型	前に付く語	意味	例
-답다	人を表す名詞 場所名詞 建物や機関などの名詞 抽象名詞	❶ある資格を備えている ❷ある意味を十分に備えている	**학생답다** 学生らしい **어른답다** 大人らしい **유명한 관광지답다** 有名な観光地らしい **정답다** 情け深い
-스럽다	人を表す名詞 抽象名詞など	ある意味を備えているように見える	**어른스럽다** 大人らしい **여성스럽다** 女性らしい **사랑스럽다** 愛らしい **자연스럽다** 自然だ **조심스럽다** 注意深い

違いは何？

어른답다：大人が、大人として持つべき資格を備えている。
어른스럽다：大人ではないが、大人のような面を持っている。

52 -스럽다

どれが正しい？

❶ 내 동생은 아직 10살인데 참 (어른답습니다/어른스럽습니다).

私の妹 (弟) は、まだ10歳ですが、とても大人っぽいです。

❷ (자연답게/자연스럽게) 한국어를 말하고 싶어요.

自然な韓国語を話したいです。

❸ 왜 그렇게 말을 (바보스럽게/바보답게) 하니?

なぜそんなにばからしいこと言うの？

53 -다면서(요)?

🔊 한다면서?, 하다면서?

終結語尾　～するんだって？・(な) んだって？

接続形式

動 の母音語幹や=語幹	+ - ㄴ다면서(요)?	例	간다면서요? 만든다면서요?
動 の子音語幹	+ -는다면서(요)?	例	먹는다면서요? 잡는다면서요?
形 있다	+ -다면서(요)?	例	크다면서요? 있다면서요?
이다	+ -라면서(요)?	例	친구(이)라면서요? 학생이라면서요?

用法1 他の人から聞いたことを相手に確認するときに用いる (情報確認)。

🔊 ① 가: 설악산은 단풍이 아름답**다면서요?**

雪岳山は紅葉が美しいんですって？

나: 네, 정말 아름다워요. 한번 가 보세요.

はい、本当にきれいですよ。一度行ってみてください。

② 가: 우리 선생님이 결혼하신다면서요?

先生が結婚されるんですって？

나: 그래요? 저는 못 들었는데요.

そうなんですか？ 私は聞いていないですが。

③ 가: 찬호 씨, 다음 달에 고향에 들어갈 거라면서요? 도모코 씨에게서 들었어요.

チャンホさん、来月故郷に帰るんですって？ ともこさんから聞きました。

나: 네, 돌아갈 거예요.

はい、帰るつもりです。

④ 가: 수민 씨 가족이 다섯 명이라면서요?

スミンさんの家族は5人なんですって？

나: 맞아요. 다섯 명이에요. 어떻게 알았어요?

そうなんですよ。5人です。どうして知っているんですか？

用法 2 相手から聞いたことを確認・強調するときに用いる（強調）。

① 가: 배고프다······.

おなかすいた······。

나: 아까는 배가 안 고프**다면서요**?

さっきはすいてないって言ってたじゃないですか？

☞ さっき聞いたことの確認。

가: 금방 배가 고파지네요.

すぐにおなかがすいてきますね。

② 가: 남자 친구하고 어제 싸웠어요.

彼氏と昨日、けんかしました。

　나: 지금까지 한 번도 안 싸웠다면서요?

今まで、一度もけんかしなかったんじゃなかったですか?

　가: 네, 어제가 처음이에요.

はい、昨日が初めてでした。

③ 가: 우리 뭐 먹을까요?

私たち、何を食べましょうか?

　나: 김치찌개요.

キムチチゲです。

　가: 네? 매운 음식을 못 먹는다면서요?

え? 辛い物は食べられないって言ってたじゃないですか?

☞ 前に聞いたことを覚えている。

　나: 이제 먹을 수 있게 되었어요.

もう食べられるようになりました。

比較すると?　⇨ P.201

54 -다지(요)?

◁)) 한다지, 하다지

~するそうだね?・(だ) そうだね?

接続形式

動 の母音語幹やㄹ語幹	+ -ㄴ다지(요)?	例	간다지요?	만든다지요?
動 の子音語幹	+ -는다지(요)?	例	먹는다지요?	잡는다지요?
形 있다	+ -다지(요)?	例	크다지요?	있다지요?
이다	+ -라지(요)?	例	친구(이)라지요?	학생이라지요?

用法 よく知っている事実を話すときに用いる (確認)。直接経験したことについては使えない。-다고 하지(요)?を縮約したもの。

◁)) ① 일본 사람은 생선을 좋아한다지요?

日本人は、魚が好きだそうですね?

☞ 日本人が他の国の人に聞くことはできない。

② 중국 남자는 요리를 잘한다지요?

中国の男性は、料理が上手なんだそうですね?

☞ 中国人が他の国の人に聞くことはできない。

③ 다음 주부터 시험이라지요?

来週から試験なんだそうですね?

☞ 先生が学生に聞くのはぎこちない。

④ 한자를 외우기가 어렵다지요?

漢字を覚えるのは大変だそうですね?

☞ 漢字を覚えたことはない。

⑤ 그 가수가 곧 결혼한다지요?

あの歌手がじきに結婚するんだそうですね?

☞ まだ正確に確認していない。

⑥ 월드컵 때 많은 사람들이 응원을 했다지요?

ワールドカップの時、大勢の人が応援したんだそうですね?

☞ 応援していたことを直接見ていない。

比較すると?

-다지요?　～だと聞きましたが、私が聞いたことは本当のことですか?

-지요?　～だと思いますが、私の考えは合っていますか?

한국어가 어렵다지요 ?

☞ 韓国語は難しいと聞きましたが、私が聞いたことは本当ですか?

한국어가 어렵지요 ?

☞ 韓国語は難しいと思いますが、私の考えは合っていますか?

練習 いろいろな国について聞いたことがありますか。その話が事実 かどうか、その国の人に聞いてみましょう。

내가 들은 이야기

❶ 몽골 사람: 고기를 많이 먹습니다. 말을 잘 탑니다.

❷ 러시아 사람: 키가 큽니다. 술을 잘 마십니다.

❸ 중국 사람: 남자도 요리를 잘합니다.

❹ (　　　　　): (　　　　　　　　)

확인하기

몽골 사람은 고기를 많이 먹는다지요?

❶ 몽골 사람은 말을 _____.

❷ 러시아 사람은 _____.

❸ 중국 사람은 _____.

❹ _____.

私が聞いたこと
❶ モンゴル人：肉をたくさん食べます。乗馬が上手です（馬を上手に乗ります）。
❷ ロシア人：背が高いです。お酒が強いです。
❸ 中国人：男性も料理が上手です。
確認
モンゴル人は肉をたくさん食べるそうですね?
❶ モンゴル人は馬を
❷ ロシア人は
❸ 中国人は

比較すると？

表現	確認	強調	情報を与えた人 (所)
-다면서(요)?	○	○	2人称、3人称
-다지(요)?	○	△	3人称

☞ -다면서요と-다지요は、聞いたことや情報を確認する機能を持つ。その話を3人称から聞いた場合には-다면서요と-다지요を両方共に使える。しかし-다지요は、3人称から聞いた情報である場合には自然な文になるが、聞き手 (2人称) から聞いた情報を確認する場合には適切ではない。

例 **왜 아직도 집에 안 갔어요? 오늘 가족 모임이 있다면서요?** (○) **/있다지요?** (×)

なぜまだ家に帰ってないのですか？　今日、家族の集まりがあると言ってたじゃないですか？

55 -더라

終結語尾

◁)) 하더라

~していたよ・だったよ・かったよ、~したっけ・だっけ

接続形式

用 + -더라   例 가더라, 먹더라, 좋더라, 학생이더라, 있더라

用法1
過去に直接経験した事実を再び思い出して、他の人に話すときに用いる（回想／感嘆）。

◁)) ① 가: 어제 참 춥더라.

昨日、すごく寒かったよ。

나: 맞아. 정말 추웠어.

そうね。本当に寒かった。

TIP!
この用法では、文末で抑揚が下がる。

② 가: 경복궁에 가 보니까 어땠어?

景福宮に行ってみてどうだった？

나: 참 좋더라.

とてもよかったよ。

③ 가: 어제 그 드라마 참 재미있**더라**.

昨日、あのドラマ本当に面白かったよ。

나: 나는 못 봤는데.

私は見ていないけど。

④ 가: 선생님 아들 봤니?

先生の息子、見た?

나: 응, 봤어. 참 귀엽**더라**.

うん、見た。とてもかわいかったよ。

用法 2 過去に直接経験した事実、知っている事実を思い出せないときに用いる (回想／独り言)。

① 가: 저 사람 어딘가에서 봤는데…….

あの人、どこかで見た覚えがあるけど……。

나: 맞아. 나도 본 적 있는데…….

そうね。私も見たことあるけど……。

가: 저 사람이 누구**더라**?

あの人、誰だったっけ?

TIP! 무엇 (何)、누구 (誰)、언제 (いつ)、어디 (どこ)、어떻게 (どう)、몇 (幾つ) などと一緒に使う。この用法では、抑揚が文末で上がる。

② 가: 약속 시간이 몇 시야?

약束の時間は何時なの?

나: 몇 시더라…….

何時だったっけ……。

③ 가: 제 이름 기억하세요?

私の名前、覚えていますか?

나: 뭐더라…….

何だったっけ……。

④ 가: 우리가 언제 처음 만났죠?

私たち、いつ初めて会ったでしょうか?

나: 그때가 언제더라…….

あの時がいつだったっけ……。

比較すると? ⇨ P.206

56 -더라고(요)

終結語尾

🔊 하더라고

〜**するんだよ・だったよ**・かったよ

接続形式

用 + -더라고(요)　例 가더라고요, 먹더라고요, 좋더라고요,
　　　　　　　　　　　　학생이더라고요, 있더라고요

用法　自分が直接経験して感じたことを思い浮かべて話すとき
に用いる (回想／通知)。

🔊 ① 어제 시내에 나갔는데 사람이 정말
　　 많더라고요.

　　 昨日市内に出かけたんですけど、人が本当に多かったですよ。

② 김 교수님의 강의는 좀 어렵더라고요.

　 キム教授の講義は、ちょっと難しかったですよ。

③ 오늘부터 세일이어서 백화점에 사람이 많더라고요.

　 今日からセールだから、デパートに人が多かったですよ。

④ 어제 날씨가 춥더라고요.

　 昨日 (天気が) 寒かったですよ。

⑤ 며칠 동안 청소를 안 하니까 금방 더러워지더라고요.

　 何日か掃除をしないと、すぐに汚くなるんですよ。

⑥ 그 노래가 참 듣기 좋더라고요.

あの歌が本当によかったですよ。

⑦ 요즘 레이코 씨가 공부를 참 열심히 하더라고요.

最近、れいこさんが勉強を頑張っているんですよ。

比較すると？

文型	感嘆の度合い	聞き手に 情報を知らせる	聞き手が 知っている事実
-더라	○	△	関係ない
-더라고(요)	×	○	×

違いは何？

어제 날씨가 좋더라.　昨日は天気よかったね。

☞ 感嘆。聞き手と関係なく、話し手が感じたことを言う。

어제 날씨가 좋더라고요.　昨日は天気がよかったですよ。

☞ 聞き手が知らない情報を言う。

57 -(으)ㄹ 뻔하다

🔊 할 뻔하다

表現　〜するところだ

接続形式

動 の母音語幹やㄹ語幹 ＋ -ㄹ 뻔하다　例 갈 뻔하다, 넘어질 뻔하다, 만들 뻔하다

動 の子音語幹、있다 ＋ -을 뻔하다　例 먹을 뻔하다, 죽을 뻔하다, 있을 뻔하다

☞ 있다と一緒に使われるが、없다とは使われない。

用法 1 あることが起きそうだったが、そうならなかったので安堵するときに用いる (幸い)。

🔊 ① 뛰어가다가 넘어질 뻔했어요.

走っていて転ぶところでした。☞ 転ばなかった。

TIP! 基本的に過去形で使われる。

② 그릇을 닦다가 깰 뻔했어요.

皿を拭いていて、割るところでした。

☞ 割らなかった。

③ 안 좋은 이야기를 하다가 말싸움이 될 뻔했습니다.

不愉快な話をしているうち、□げんかになるところでした。

☞ □げんかにならなかった。

④ 길을 건너다가 교통사고가 날 뻔했어요.

道を渡っていて、交通事故が起きるところでした。

☞ 交通事故が起きていない。

⑤ 지갑을 떨어뜨려서 잃어버릴 뻔했어.

財布を落として、なくすところだった。

☞ なくしていない。

用法2 あることが起きそうだったが、そうならなかったので残念なときに用いる（残念さ）。

① 우리 팀이 이길 뻔했는데 결국 졌어요.

うちのチームが勝つところだったのに、結局負けました。

☞ 勝てずに負けた。

② 작년에 유학 갈 뻔했는데 갑자기 사정이 생겼어요.

去年、留学に行くところだったのに、急に事情ができました。

☞ 留学に行けなかった。

③ 이번 시험에서 1등 할 뻔했는데…….

今度の試験で、1位になるところだったのに……。

☞ 1位にならなかった。

④ 조금 일찍 일어났으면 지각을 안 할 뻔했는데…….

もう少し早く起きていたら、遅刻しなかったのに……。

☞ 遅刻をした。

58 -(으)ㄹ 게 뻔하다

◁))) 할 게 뻔하다

| 表現 | ~するに決まっている・に決まっている |

接続形式

| 動 形 の母音語幹やㄹ語幹、
이다 | + -ㄹ 게 뻔하다 | 例 | 갈 게 뻔하다
만들 게 뻔하다
아플 게 뻔하다 |

| 動 形 の子音語幹、있다 | + -을 게 뻔하다 | 例 | 먹을 게 뻔하다
좋을 게 뻔하다
있을 게 뻔하다 |

用法 今までのことから見て、今後予想できる結果があること
を表す（未来推測）。

◁))) ① 선주 씨는 매일 지각하니까 오늘도 지각할
게 뻔해요.

ソンジュさんは毎日遅刻するから、今日も遅刻するに決まっていますよ。

➡ 遅刻するのは当然のことでしょう。

 TIP! 当然のことだから、言わずと知れていること。「私」と「他の人」の両方に
使える。ただし、「私」の意志で決められることには使えない。

② 공부를 안 해서 시험을 못 볼 게 뻔해요.

勉強をしていないから、試験はだめに決まっています。

➡ 試験に失敗するのは当然のことでしょう。

③ 어제 잠을 늦게 잤으니까 오늘 피곤할 게 뻔합니다.

昨日遅くに寝たから、今日疲れるに決まっています。

➡ 疲れるのは当然のことでしょう。

④ 온다고 말은 했지만 바빠서 안 올 게 뻔해요.

来るとは言っていたけど、忙しくて来ないに決まっています。

➡ 来ないのは当然のことだと思います。

どうして間違い?

❶ 저는 이번 주말에 집에 있을 게 뻔해요.

❷ 제가 내년에는 결혼할 게 뻔합니다.

❸ 나는 오늘 오후 친구를 만날 게 뻔해.

59 -는/(으)ㄴ 척하다

🔊 하는 척하다, 한 척하다

表現 〜するふりをする・(な) ふりをする

接続形式

動 있다	+ -는 척하다	例	가는 척하다, 아는 척하다, 먹는 척하다, 있는 척하다
形 の母音語幹やㄹ語幹、이다	+ -ㄴ 척하다	例	아픈 척하다, 먼 척하다, 학생인 척하다
形 の子音語幹	+ -은 척하다	例	작은 척하다, 좋은 척하다

用法 事実とは異なったことを見せかけようとするときに用いる (見せかけ)。

🔊 ① (맛이 없지만) 남편이 만들어 준 음식이 맛있는 척했어요.

(おいしくないが) 夫が作ってくれた料理においしいふりをしました。

② (돈이 많지 않지만) 친구들 앞에서 돈이 많은 척했어요.

(お金はあまりないが) 友達の前で、お金のあるふりをしました。

③ (아프지 않지만) 학교에 가기 싫어서 엄마한테 아픈 척했어요.

(調子は悪くないが) 学校に行きたくないので、お母さんに体調が悪いふりをしました。

④ (잘 모르지만) 사람들 앞에서 아는 척하기를 좋아합니다.

(よく知らないのに) みんなの前で、知ったかぶりをするのが好きです。

⑤ (한국 사람이 아니지만) 세일즈맨이 오면 귀찮아서 그냥 한국 사람인 척해요.

(韓国人ではないが) セールスマンが来たら、面倒だから韓国人のふりをします。

⑥ (공부하지 않았지만) 선생님에게 공부를 많이 한 척했어요.

(勉強しなかったが) 先生に勉強をたくさんしたふりをしました。

> 動詞を使って過去のことを表すときは、-는 척하다ではなく、-(으)ㄴ 척하다を使う。形容詞で現在のことを表すときと同じ形なので注意が必要。

練習 事実とは異なることを-(으)ㄹ 때 -는/-(으)ㄴ 척해요を使って3つ書いてみましょう。

例 공부하기 싫을 때 아픈 척해요.

❶ _____

❷ _____

❸ _____

[例 勉強したくないとき、具合が悪いふりをします。]

60 -(으)ㄴ 지 (~이/가 되다/넘다/지나다)

🔊 **한 지**

| 表現 | ~してから (~になる／~が過ぎる)、~して以来 (~になる／~が過ぎる) |

接続形式

動 の母音語幹やㄹ語幹 ＋ -ㄴ 지 …　　例 간 지 …, 만든 지 …

動 の子音語幹　　　　　＋ -은 지 …　　例 먹은 지 …, 잡은 지 …

用法 あることが起きてから時間が経ったことを表す (時間の経過)。

🔊 ① **한국에 온 지 3년이 되었습니다.**

韓国に来てから3年になりました。☞ 今も韓国にいる。

② **건설 회사에 들어온 지 5개월이 지났어요.**

建設会社に入ってから、5カ月になりました。

☞ 今も建設会社に勤めている。

③ **아기가 태어난 지 1년이 넘었네요.**

赤ちゃんが生まれてから、1年が過ぎましたよ。

☞ 赤ちゃんは今も元気に育っている。

④ **수업을 시작한 지 30분이 지났는데 오지 않은 학생이 있습니다.**

授業を始めてから30分過ぎましたが、来ていない学生がいます。

☞ 今も授業中である。

⑤ **고등학교를 졸업한 지 벌써 10년이 되었습니다.**

高校を卒業してから、もう10年になりました。 ☞ 既に卒業した。

⑥ **저녁을 먹은 지 2시간이 되었어요.**

夕食を食べてから、2時間になりました。 ☞ 既に夕食を食べた。

⑦ **그 친구를 만난 지 일주일이 넘었어요.**

その友達に会ってから、1週間が過ぎました。 ☞ 既に会った。

| 練習 | 次の文を例のように直してみましょう。

例 한국에 2년 전에 왔어요. ➡ 한국에 온 지 2년이 되었어요.

❶ 아기가 9개월 전에 태어났어요.

❷ 5년 전에 학교를 졸업했어요.

❸ 여기에 30분 전에 도착했어요.

❹ 수업을 10분 전에 시작했어요.

例 韓国に2年前に来ました。➡ 韓国に来てから、2年になりました。

❶ 赤ちゃんが9カ月前に生まれました。

❷ 5年前に学校を卒業しました。

❸ ここに30分前に到着しました。

❹ 授業を10分前に始めました。

61 -(으)ㄹ걸 그랬다(그랬어/그랬어요)

◁))) 할걸 그랬다

| 表現 | ～すればよかった |

接続形式

動 の母音語幹やㄹ語幹 ＋ -ㄹ걸 그랬다　例 갈걸 그랬다
만들걸 그랬다

動 の子音語幹、있다 ＋ -을걸 그랬다　例 먹을걸 그랬다
있을걸 그랬다

☞ 있다と一緒に使われるが、없다とは使われない。

用法　過去のことを後悔するときに用いる（後悔）。

◁))) ① 거짓말을 하지 **말걸 그랬어요**.

うそをつかなければよかったです。☞ うそをついたことを後悔。

 그랬다を省略して-(으)ㄹ걸の形でも使う。

② 어렸을 때 열심히 공부할걸.

小さいころ、一生懸命に勉強すればよかったのに。

☞ 勉強を一生懸命にしなかったことを後悔。

③ **말조심을 할걸 그랬어요.**

言葉に注意すればよかったです。

☞ 言葉に注意しなかったことを後悔。

④ **더 일찍 유학 올걸 그랬어요.**

もっと早く留学すればよかったんですけど。

☞ 今留学中で、もっと早く留学しなかったことを後悔。

⑤ **아침 먹을걸……。**

朝ご飯、食べればよかった……。☞ 朝ご飯を食べなかったことを後悔。

⑥ **돈을 아껴 쓸걸 그랬어요.**

お金を節約すればよかったです。☞ お金を節約しなかったことを後悔。

⑦ **담배를 많이 피우지 말걸……。**

たばこを吸い過ぎなければよかった……。

☞ たばこを吸い過ぎたことを後悔。

練習 　過去の出来事の中で後悔していることはありませんか。後悔して
いることについて、-(으)ㄹ걸 그랬다を使って話してみましょう。

そのようにした理由	今後悔していること
例 시험이 어려울 줄 몰랐다.	공부를 열심히 하지 않았다.
❶ 친구 생일인 줄 몰랐다.	생일 선물을 사지 않았다.
❷ 돈이 모자랄 줄 몰랐다.	아껴 쓰지 않았다.

例 (시험이 어려울 줄 알았으면) 공부를 열심히 할걸 그랬어요.

❶

❷

例 試験が難しいとは思わなかった。　　例 勉強を一生懸命にしなかった。

❶ 友達の誕生日だとは知らなかった。　　誕生日のプレゼントを買わなかった。

❷ お金が足りないとは思わなかった。　　節約していなかった。

例 (試験が難しいと知っていたら) 勉強を一生懸命にすればよかったです。

62 -(으)ㄹ 리가 없다

🔊 할 리가 없다

表現 | 〜するはずがない・(な) はずがない

接続形式

| 動 形 の母音語幹やㄹ語幹、이다 | + -ㄹ 리가 없다 |

例 갈 리가 없다
만들 리가 없다
아플 리가 없다
학생일 리가 없다

| 動 形 の子音語幹、있다 | + -을 리가 없다 |

例 먹을 리가 없다
좋을 리가 없다
있을 리가 없다

用法 | そうなる可能性がないこと、信じられないこと、あり得ないことなどを述べるときに用いる (不可能)。

🔊 ① 여름에 눈이 올 리가 없어요.

夏に雪が降るはずがありません。

② 밤에 해가 뜰 리가 없습니다.

夜に日が昇るはずがありません。

③ 지구가 없어질 리가 없습니다.

地球がなくなるはずがありません。

④ 대통령이 저에게 전화하실 리가 없지요.

大統領が、私に電話するはずがありませんよ。

⑤ 그 사람이 나를 좋아할 리가 있을까요?

あの人が、私のことを好きなはずないでしょう？

☞この例のように、疑問文の場合は**없다**の代わりに**있다**を使う。

⑥ 선생님께서 학교에 안 오실 리가 있어요?

先生が学校に来ないはずがないでしょう？

⑦ 한국어를 한 달 동안 배우고 한국 사람처럼 말할 수 있을 리가 없습니다.

韓国語を1カ月間習って、韓国人のように話せるはずがありません。

| 練習 | 作り話をしてみてください。そして**-(으)ㄹ 리가 없다**を使って話してみましょう。 |

作り話	信じ難いこと／あり得ないこと
例 대학 입학시험이 없어져요.	대학 입학시험이 없어질 리가 없어요.
❶ 갓난아기가 말을 해요.	
❷ 비행기 표가 1000엔이에요.	
❸ 물고기가 걸어 다녀요.	
❹ 설탕이 짜요.	

> 例 大学入試がなくなります。 大学入試がなくなるはずがありません。
> ❶ 生まれたての赤ちゃんが言葉を話します。
> ❷ 飛行機のチケットが1000円です。
> ❸ 魚が歩いています。
> ❹ 砂糖が塩辛いです。

63 -(으)ㄹ 만하다

◁)) 할 만하다

表現　〜するに値する、〜できる

接続形式

動 の母音語幹やㄹ語幹 ＋ -ㄹ 만하다　例 볼 만하다, 만들 만하다

動 の子音語幹、있다 ＋ -을 만하다　例 먹을 만하다, 있을 만하다

用法 1　あるもの（こと）にそれだけの価値や意味があることを表す（価値）。

◁)) ① **믿을 만한** 친구가 몇 명이나 있어요?

信じられる友達が、何人くらいいますか？

② 한국에서 한번 **가 볼 만한** 곳이 어디예요?

韓国で、一度は行ってみるべきところはどこですか？

③ 요즘 그 가수의 노래가 **들을 만해요**.

このごろ、あの歌手の歌がなかなかいいです。

④ 고향에서 부모님이 오시는데 어떤 음식이 **먹을 만할까요**?

故郷から両親が来るけど、どんな料理がいいでしょうか？

⑤ 한글은 세계에 **자랑할 만한** 문자(글자)입니다.

ハングルは世界に誇れる文字です。

⑥ 고향에 대해서 친구들에게 소개할 **만한** 것이 있으면 해 주세요.

故郷について、友達に紹介したいものがあればお願いします。

用法 2　まだ大丈夫であることを表す（有効）。

① 이것은 몇 년 전에 유행했던 옷이지만 아직도 입을 **만합니다**.

これは、何年か前に流行した服ですが、まだ着られます。

② 3일 전에 만든 음식이지만 아직 먹을 **만해요**.

3日前に作った料理ですが、まだ食べられます。

③ 이건 10년 전에 산 CD플레이어지만 고장도 안 나고 아직 쓸 **만합니다**.

これは10年前に買ったCDプレーヤーですが、故障もせずにまだまだ使えます。

練習　次の表現を使って、有名なものを紹介してみましょう。

> ・ ~은/는 ~에서 -(으)ㄹ 만한 ~입니다.
> ・ ~에서 -(으)ㄹ 만합니다.

例 불고기/한국/먹어 보다
➡ 불고기는 한국에서 먹어 볼 만한 음식입니다.
➡ 한국에서 불고기는 먹어 볼 만합니다.

❶ 만리장성/중국/가 보다
➡ 만리장성은 중국에서 가 볼 만한 곳입니다.
➡

❷ 피라미드/이집트/자랑하다
➡ 피라미드는 이집트에서 자랑할 만한 유적입니다.
➡

❸ (　　　　)/(　　　　)/(　　　　)
➡
➡

例 プルコギ／韓国／食べてみる

プルコギは、韓国で一度は食べてみるべき料理です。

❶ 万里の長城／中国／行ってみる

万里の長城は、中国で一度は行ってみるべき場所です。

❷ ピラミッド／エジプト／誇る

ピラミッドは、エジプトが誇る遺跡です。

64 -는/(으)ㄴ/(으)ㄹ 줄 알았다(몰랐다)

🔊 하는 줄 알았다, 한 줄 알았다, 할 줄 알았다

表現　～すると思った・(だ)と思った (思わなかった)

接続形式1

| 動 있다 | + -는 줄 알았다 | 例 가는 줄 알았다
아는 줄 알았다
있는 줄 알았다 |

形 の母音語幹やㄹ語幹、이다　+ -ㄴ 줄 알았다　例 큰 줄 알았다 / 먼 줄 알았다 / 학생인 줄 알았다

形 の子音語幹　+ -은 줄 알았다　例 작은 줄 알았다 / 좋은 줄 알았다

接続形式2

動 形 の母音語幹やㄹ語幹、이다　+ -ㄹ 줄 알았다　例 갈 줄 알았다 / 알 줄 알았다 / 클 줄 알았다 / 멀 줄 알았다 / 학생일 줄 알았다

動 形 の子音語幹、있다　+ -을 줄 알았다　例 작을 줄 알았다 / 좋을 줄 알았다 / 있을 줄 알았다

用法 1 主語が、ある事実を知っていたり知らなかったりすることを表す時、-(으)ㄴ/는 줄 알았다(몰랐다)の形で使う（知識）。

① 한국 사람이 매운 음식을 좋아하는 줄 몰랐어요.

韓国人が、辛い物が好きだとは知らなかったです。

☞ 韓国人は辛い物が好きだという事実を知らなかった。

② 서울이 이렇게 복잡한 줄 몰랐어요.

ソウルがこんなに混雑しているとは思いませんでした。

☞ ソウルが混雑しているという事実を知らなかった。

③ 한국에 오기 전에 한글이 언제 만들어진 줄 알았어?

韓国に来る前に、ハングルがいつ作られたと思ってた？

④ 한국의 대통령이 누구인 줄 알았어요?

韓国の大統領が誰だと思いましたか？

⑤ 오늘 비가 오는 줄 몰랐어요.

今日、雨が降るとは思わなかったです。

☞ 雨が降るという情報を持っていなかった。

用法 2 主語の予想と異なること（予想通りのこと）を表す時、
-(으)ㄹ 줄 알았다(몰랐다)의 形で使う（予想）。

🔊 ① 오늘 비가 올 줄 몰랐어요. 비가 안 올 줄
알았어요.

今日、雨が降るとは思いませんでした。雨が降らないと思っていました。

② 서울이 이렇게 복잡할 줄 몰랐어요.

ソウルがこんなに混雑しているとは思いませんでした。

☞ ソウルが混んでいないと思った。

③ 한국 사람이 매운 음식을 좋아할 줄 몰랐어요.

韓国人が辛い物が好きだとは知りませんでした。

☞ 韓国人が辛い物が好きだとは思わなかった。

練習 次は大西さんが初めての韓国旅行で感じたことです。**-는/(으)ㄴ/(으)ㄹ 줄 몰랐다(알았다)**を使って話してみましょう。

韓国に来る前に聞いたこと、思ったこと	直接来てみて感じたこと
例〈聞いたこと〉 한국인이 불친절하다.	한국인이 친절하다.
❶〈思っていたこと〉 한국 음식은 다 맵다.	맵지 않은 한국 음식도 있다.
❷〈本で読んだこと〉 고등학생들이 공부를 열심히 한다.	고등학생들이 정말 공부를 열심히 한다.

例 오니시 씨는 한국에 오기 전에 한국인이 불친절한 줄 알았어요.

➡ 이렇게 한국인이 친절한 줄 몰랐어요.

❶

➡

❷

➡

韓国に来る前に聞いたこと、思ったこと　　直接来てみて感じたこと

例 韓国人は不親切である。　　韓国人は親切である。

❶ 韓国料理はすべて辛い。　　辛くない韓国料理もある。

❷ 高校生たちが勉強を一生懸命にする。　高校生たちが本当に勉強を一生懸命にする。

例 大西さんは、韓国に来る前に韓国人が不親切だと思っていました。

➡ こんなに韓国人が親切だとは思いませんでした。

比較すると？

文型	意味	用法
-는/(으)ㄴ 줄 알았다	知識	ある事実を知っている、あるいは知らなかった場合に使う
-(으)ㄹ 줄 알았다	予想	予想や期待が外れた、あるいは予想通り、期待通りだった場合に使う。**이렇게、그렇게、저렇게**のような表現が一緒によく使われる

☞ -는/(으)ㄴ 줄 알았다と-(으)ㄹ 줄 알았다はどちらも同じように使えることが多いが、-는/(으)ㄴ 줄 알았다が単純にある事実を知っていたり知らなかったりすることを表すのに対して、-(으)ㄹ 줄 알았다は話し手の期待が外れたときや期待通りだったときに強調して使われることが多い。

第3章

その他の文型

65 -던

連体形語尾 | 〜していた

◁)) 하던

接続形式

動 있다 + -던 例 가던, 먹던, 알던

用法 1 | 過去に始めたが、まだ終わっていないことを表す（進行中未完了）。

◁)) ① 아까 제가 마시던 물이 어디 있어요?

さっき私が飲んでいた水は、どこにありますか。☞ 水を飲み干していない。

TIP! 어제 (昨日)、아까 (さっき)、지난주 (先週)、저번에 (この間) など、過去のある時点や時を表す言葉と一緒に使う。

② 하던 일을 다 끝내고 집에 가야 합니다.

やりかけのことを全部終えて、家に帰らなければなりません。

☞ 仕事がまだ終わっていない。

③ 읽던 책을 다 읽으면 다른 책을 읽을 것입니다.

読んでいる本を読み終わったら、他の本を読むつもりです。

☞ 本をまだ読み終わっていない。

④ 어제 먹던 음식을 냉장고에 넣어 두었습니다.

昨日食べていた料理を、冷蔵庫に入れておきました。

☞ 料理を食べ終わっていない。

用法 2　過去に度々やったり、そうしたりしたが、今はやっていないことを表す（過去の日常や習慣）。

◁)) ① 옛날에 자주 가던 가게가 지금은 없어졌습니다.

昔しょっちゅう行っていた店が、今はなくなりました。

☞ 今は行っていない。

TIP! 어제 (昨日)、아까 (さっき) などの過去のある時点を表す語と一緒に使われると、進行中未完了の意味だが、자주 (しょっちゅう)、여러 번 (度々、数回)、지금까지 계속 (今までずっと) など、反復や持続を表す語と一緒に使われると過去の習慣。

② 저 사람은 전에 내가 사귀던 사람입니다.

あの人は、以前私が付き合っていた人です。

☞ 今は付き合っていない。

③ 어렸을 때 우리가 살던 동네는 아주 작은 시골이었습니다.

小さいころ私たちが住んでいた町は、とても小さな田舎でした。

☞ 今は住んでいない。

④ 엄마가 자주 불러 주시던 노래가 생각납니다.

お母さんがしょっちゅう歌ってくれた歌を思い出します。

☞ 今は歌っていない。

 「進行中未完了」と「過去の日常や習慣」のどちらにも解釈できる場合は、前にどんな言葉が来るかによって意味が変わる。

(1) 이것은 (어저께/작년에 자주) 입던 옷입니다.

これは (昨日/ 去年度々) 着ていた服です。

(2) 이것은 (아까/어렸을 때 자주) 읽던 책입니다.

これは (さっき/ 小さいころしょっちゅう) 読んでいた本です。

(3) (아까/지금까지 계속) 여기에 있던 의자가 어디 갔지요?

(さっき/ 今までずっと) ここにあったいすはどこに行ったでしょうか?

違いは何?

제가 읽은 책인데 한번 읽어 보세요.

私が読んだ本ですけど、一度読んでみてください。

☞ 過去に読み終わった本。

제가 읽던 책인데 한번 읽어 보세요.

私が読んでいた本ですけど、一度読んでみてください。

☞ ❶ 過去に読み始めてまだ読み終わっていない本。

　 ❷ 過去によく読んだ本。

どれが正しい？

❶ 어제 (먹은/먹던) 음식을 버렸어요.

昨日食べていた料理を捨てました。

❷ 저번에 완전히 (외운/외우던) 것을 다 잊어버렸어요.

この前、ちゃんと覚えたものを全部忘れてしまいました。

比較すると？　⇨ P.239

66 -았/었던

 했던

連体形語尾 〜した、〜していた

接続形式

動 の陽語幹 + **-았던**　　例 갔던, 받았던

動 の陰語幹 + **-었던**　　例 먹었던, 읽었던

用法 1　過去に始めて既に完了したことを表す（完了）。継続の意味はない。

① **샀던** 옷을 바꾸러 왔는데요.

   この前買った服を交換しに来たんですが。

TIP! 어제 (昨日)、아까 (さっき)、지난주 (先週)、저번에 (この間) など、過去のある時点や時を表す言葉と一緒に使う。非常に近い過去のことについて述べる場合には、適切ではない。

② 어제 **먹었던** 음식 이름이 뭐였죠?

   昨日食べた料理の名前は何だったでしょう？

③ 저번에 **갔던** 산은 정말 아름다웠어요.

   この間行った山は、本当に美しかったです。

236

④ 지난 학기에 배웠던 것인데 잊어버렸어요.

前の学期に習ったことですが、忘れてしまいました。

⑤ 저번 주에 봤던 영화 재미있었지요?

先週見た映画、面白かったでしょう？

比較すると？

文型	完了のニュアンス	回想の態度	非常に近い過去のことを言う場合
-았/었던	-았/었던 > -(으)ㄴ	○	普通使わない。しかし話す人の気持ちによって使う場合もある。
-(으)ㄴ		×	使える。

違いは何？

❶ 내가 좋아했던 사람　私が好きだった人

☞ 完了のニュアンスが強い。今は好きではない。

내가 좋아한 사람　私が好きだった人

☞ 完了のニュアンスは強くはない。

❷ 방금 내가 했던 말　今私が言ったこと

☞ 言う人が「今」という時間を長く感じる場合には使える。

방금 내가 한 말　今私が言ったこと

用法 2 　過去にしばしばやったことであるが、今はやっていない
ことを表す (過去の日常、習慣)。

🔊 ① **엄마가 자주 불러 주셨던 노래가 생각납니다.**

お母さんがよく歌ってくれた歌を思い出します。

☞ 過去にその歌をよく歌った。今は歌わない。

TIP! ‐던と比べると、完了のニュアンスが強い。

② **옛날에 자주 갔던 가게가 지금은 없어졌습니다.**

昔しょっちゅう行っていた店が、今はなくなりました。

☞ 過去よく行った。今は行かない。

③ **저 사람은 내가 사귀었던 사람입니다.**

あの人は、私が付き合っていた人です。

☞ 過去に付き合った。今は付き合っていない。

④ **어렸을 때 우리가 살았던 동네는 아주 작은 시골이었습니다.**

小さいころ私たちが住んでいた町は、とても小さい田舎でした。

☞ 過去に住んでいた。今は住んでいない。

比較すると？

文型	進行中未完了 （過去に始まって終 わっていないこと）	完了 （過去に始まって既 に終わったこと）	動作の日常性 （過去によくやって いたこと）
-던	○	△	○
-았/었던	×	○	○

違いは何？

아까 하던 이야기를 계속하자.

さっき話していたことを続けよう。

☞ さっき話を中断していて、まだ終わっていない話 (動作の未完了)。

아까 했던 이야기를 다시 해 보자.

さっき話していたことをもう一度話してみよう。

☞ さっき話し始めて、もう終わった話 (動作の完了)。

どうして間違い？

❶ 어제 만났는 사람을 오늘도 만났어요.

❷ 아까 시장에서 사던 야채를 냉장고에 넣었어요.

❸ 잊어버리던 약속이 다시 생각났어요.

接続形式

動 形 の母音語幹やㄹ語幹、 이다	+ -ㄹ 때	例	갈 때, 만들 때, 아플 때, 학생일 때
動 形 の子音語幹、있다	+ -을 때	例	먹을 때, 많을 때, 있을 때

用法 1 現在の習慣や決まり、一般的真理を表す (時間①)。

◁)) ① 부모님이 보고 싶을 **때** 전화를 합니다.

両親に会いたいとき、電話をします。

 TIP! ある行為や状況が続いている時間を表す。

② 나는 집에 혼자 있을 **때** 책을 읽어요.

私は家に一人でいるとき、本を読みます。

③ 수업할 **때** 휴대폰을 꺼야 합니다.

授業中は携帯電話の電源を切らなければなりません。

④ 한국 사람은 식사를 할 **때** 수저를 사용합니다.

韓国人は食事をするとき、スプーンとはしを使います。

⑤ **지하철을 타고 내릴 때 교통카드가 편리합니다.**

地下鉄を乗り降りするとき、交通カードが便利です。

⑥ **더울 때 땀이 나요.**

暑いとき、汗が出ます。

⑦ **아플 때 병원에 갑니다.**

体調が悪いとき、病院に行きます。

用法 2　**過去のことを表す（時間②）。**

① **저는 어릴 때 꿈이 대통령이었어요. (➡ 어렸을 때)**

私の小さいころの夢は大統領になることでした。

（私は小さいころの夢が大統領でした）

TIP! この場合には-(으)ㄹ 때を-았/었을 때に替えることができる。

② **저번에 만날 때는 건강했었는데……. (➡ 만났을 때)**

この間会った時には元気だったのに……。

③ **한국어 공부를 시작할 때 한글 외우는 것이 어려웠어요. (➡ 시작했을 때)**

韓国語の勉強を始めた時、ハングルを覚えるのが難しかったです。

④ **김치를 처음 먹을 때 너무 매웠어요. (➡ 먹었을 때)**

キムチを初めて食べた時、とても辛かったです。

用法 3　未来のことを表す（時間③）。

◁))　① **결혼할 때 연락하세요.**
　　　結婚するときは、連絡してください。

② **이사할 때 도와 드릴게요.**
　　引っ越すときは、手伝います。

③ **모르는 것이 있을 때 언제든지 물어보세요.**
　　分からないことがあるときは、いつでも聞いてください。

④ **필요할 때 사용하세요.**
　　必要なときに使ってください。

⑤ **서로 시간이 될 때 만납시다.**
　　お互いの都合のいいときに会いましょう。

68 -았/었을 때

◁)) 했을 때

表現 〜した時・だった時・かった時

接続形式

動 形 の陽語幹 + -았을 때　　例 갔을 때, 받았을 때, 좋았을 때

動 形 の陰語幹、　+ -었을 때　　例 먹었을 때, 어렸을 때,
이다 있다 　　　　　　　　　　학생이었을 때, 있었을 때

用法　過去に起きたことを表す (時間)。

◁)) ① 저번에 만났을 때는 건강했었는데…….

この間会った時は元気だったのに……。

② 저는 어렸을 때 꿈이 의사였어요.

私は小さいころの夢は医者になることでした (夢が医者でした)。

③ 김치를 처음 먹었을 때 너무 매웠어요.

キムチを初めて食べた時、とても辛かったです。

④ 한국어 공부를 시작했을 때 한글 외우는 것이 어려웠어요.

韓国語の勉強を始めた時、ハングルを覚えるのが難しかったです。

⑤ 한국에 처음 왔을 때 날씨가 추웠어요.

韓国に初めて来た時、(天気が) 寒かったです。

⑥ 어제 네가 우리 집에 왔을 때 나는 학교에 있었어.

昨日、君が私のうちに来た時、私は学校にいたよ。

違いは何?

❶ 어제 네가 우리 집에 올 때 나는 학교에 있었어.

昨日あなたがうちに向かっている時、私は学校にいたの。

☞ まだ到着していなかった場合。向かっている時。

❷ 어제 네가 우리 집에 왔을 때 나는 학교에 있었어.

昨日あなたがうちに来た時、私は学校にいたの。

☞ もう到着していた場合。

どうして間違い?

❶ 보통 나는 집에 혼자 있었을 때 책을 읽어요.

❷ 잘 모르는 때 선생님에게 질문하세요.

どれが正しい?

❶ 내가 학교에 (갈 때/갔을 때) 교실 문이 열려 있었어요.

私が学校に行った時、教室のドアが開いていました。

❷ 한국에 (올 때/왔을 때) 비행기를 탔어요.

韓国に来た時、飛行機に乗りました。

69 -(으)ㅁ

◁)) 함

名詞形語尾　〜すること・(な) こと

接続形式

動 形 の母音語幹やㄹ語幹、이다 ＋ - ㅁ　例 만남, 만듦, 기쁨, 학생임

動 形 の子音語幹、있다　　　＋ -음　例 먹음, 작음, 있음

用法1　動詞、形容詞などを完全に名詞化するときに用いる (名詞化①)。

◁))
① 저는 춤을 잘 못 춥니다. (← 추다)

私は踊りが下手です。

② 아이들의 웃음소리가 들려요. (← 웃다)

子供たちの笑い声が聞こえてきます。

③ 친구 사이에서는 믿음이 중요하다. (← 믿다)

友達の間では、信頼が重要だ。

④ 그 영화를 보고 어떤 느낌이 들었어요? (← 느끼다)

その映画を見て、どう感じましたか (どういう感じがしましたか) ？

⑤ 부모님께 기쁨을 드리는 자식이 되고 싶어요. (← 기쁘다)

両親に喜びを与える子供になりたいです。

⑥ 배고픔을 참는 것이 가장 어렵습니다. (⬅ 배고프다)

空腹を我慢するのが、一番難しいです。

〈料理の名前に使われている-(으)ㅁ表現〉

비비다	混ぜる	➡	비빔밥	ビビンバ (混ぜご飯)
볶다	いためる	➡	볶음밥	チャーハン (いためご飯)
찌다	蒸す	➡	갈비찜	カルビチム (カルビの煮込み)
튀기다	揚げる	➡	새우튀김	えびの天ぷら
무치다	あえる	➡	콩나물무침	豆もやしのあえ物

用法 2 既に終わったこと、現在の状態、一般的なことなどの文全体が名詞化するときに用いる (名詞化②)。

① 우리는 살아 있음에 감사해야 합니다.
(⬅ 살아 있다)

私たちは、生きていることに感謝すべきです。

② 처음에는 그 사람이 그렇게 좋은 사람임을 몰랐어요.
(⬅ 사람이다)

初めは、あの人があんなにいい人とは知りませんでした。

用法3 ある事実を知らせる、既に決まったことを知らせる、完了したことを簡単にメモするときに用いる（名詞化③）。

① **오늘 학교 앞에서 친구를 만남.**
今日、学校の前で友達に会う。

1. 一般的に動詞の後ろに付いて、完了したことを簡単にメモしたりする場合に使う。

② **같이 비빔밥 먹음.**
一緒にビビンバを食べた。

③ **한국 영화를 봄. 차 마심.**
韓国映画を見た。お茶を飲んだ。

④ **이야기함.**
話した。

2. 形容詞、動詞の後ろに付いて、ある事実を知らせる場合に使う。

⑤ **다음 주에 시험 있음.**
来週に試験あり。

⑥ **내일 날씨가 맑겠음.**
明日の天気は晴れ。

⑦ **지각하는 학생은 벌금을 내야 함.**
遅刻する学生は、罰金を払わなくてはならない。

練習 今日、自分がやったことを-(으)ㅁを使って簡単に手帳にメモしてみましょう。

今日自分がやったこと　　　　　　　メモ

例 아침에 운동했다.　　　　　　　아침에 운동함.

❶ 서점에 가서 책을 읽었다.　　　서점에 가서 책을 ＿＿＿＿＿.

❷ 친구를 만나서 차를 마셨다.　　친구를 만나서 차를 ＿＿＿＿＿.

❸ 극장에서 한국 영화를 보았다.　극장에서 한국 영화를 ＿＿＿＿＿.

> 例 朝、運動した。
> ❶ 書店に行って本を読んだ。
> ❷ 友達に会ってお茶を飲んだ。
> ❸ 映画館で韓国映画を見た。

70 -기
◁))) 하기

名詞形語尾　～すること・(な) こと

接続形式

用 + **-기**　例 가기, 먹기, 만들기, 크기, 학생이기, 있기

慣用表現

-기(를) 좋아하다/싫어하다　～するのが好きだ/嫌いだ

-기(에) 좋다/나쁘다　～するのによい/悪い

-기(를) 바라다/원하다　～するのを望む/願う

-기(가) 쉽다/어렵다/힘들다/재미있다
～するのがやさしい/難しい/疲れる/面白い

-기(를) 시작하다/끝내다/그만두다
～し始める/し終える/するのをやめる

用法 1　動詞、形容詞などを完全に名詞化するときに用いる (名
詞化①)。運動や遊びの名前などを表す。

◁))) ① **말하기** 연습을 많이 하고 싶습니다. (← 말하다)
会話の練習をたくさんしたいです。

② 저는 **달리기**를 싫어해요. (← 달리다)
私は駆けっこが嫌いです。

③ **크기**가 가장 큰 과일은 무엇입니까? (← 크다)
サイズが一番大きい果物は何ですか。

-기の例

말하다	➡	말하기	(話す ➡ 話し)
읽다	➡	읽기	(読む ➡ 読み)
쓰다	➡	쓰기	(書く ➡ 書き)
듣다	➡	듣기	(聞く ➡ 聞き)
달리다	➡	달리기	(走る ➡ 走り)
던지다	➡	던지기	(投げる ➡ 投げ)
높이뛰다	➡	높이뛰기	(高く跳ぶ ➡ 高跳び)
세다	➡	세기	(強い ➡ 強さ)
빠르다	➡	빠르기	(速い ➡ 速さ)
크다	➡	크기	(大きい ➡ 大きさ)
밝다	➡	밝기	(明るい ➡ 明るさ)

用法 2　一般的なことや、これから起きることなどの文全体が名詞化するときに用いる（名詞化②）。

🔊 ① 이 책은 혼자 공부하기에 좋습니다.
（⬅ 공부하다）

この本は、一人で勉強するのにいいです。

② 건강하기를 바랍니다. (⬅ 건강하다)

元気でいてください。

③ 한국어 배우기가 재미있어요? (⬅ 배우다)

韓国語を習うのは楽しいですか?

用法 3 これからすべきこと (計画、約束、規則など) を表す (名詞化③)。文末に用いる。

🔊 ① **학교에 일찍 오기.**
学校に早く来ること。

② **차례차례 줄 서기.**
順番通り並ぶこと。

③ **담배 안 피우기.**
たばこを吸わないこと。

④ **음식물 쓰레기 줄이기.**
生ごみを減らすこと。

⑤ **돈 아껴 쓰기.**
お金を節約すること。

⑥ **거짓말 안 하기.**
うそをつかないこと。

練習1 **-기**を使って今週の計画を立ててみましょう。

요일 (曜日)	계획 (計画)
월요일 (月曜日)	❶
화요일 (火曜日)	❷
수요일 (水曜日)	❸
목요일 (木曜日)	❹
금요일 (金曜日)	❺
토요일 (土曜日)	例 **친구와 영화 보기** (友達と映画を見る)
일요일 (日曜日)	❻

練習2 料理は好きですか。次の材料を使った調理法と料理名を**-기**と**-(으)ㅁ**を使って書いてみましょう。

調理材料	調理法	料理名
야채	튀기기	야채 튀김
밥	❶	볶음밥
계란	찌기	❷
콩나물	❸	콩나물 무침

```
野菜      揚げる      野菜の天ぷら
ご飯      ❶          チャーハン
卵        蒸す        ❷
豆もやし   ❸          豆もやしのあえ物
```

01 -아/어서

練習 1

❶ 사진을 찍어서 친구에게 보여 주고 싶습니다.

❷ 꽃을 사서 선생님께 드렸습니다.

練習 2

❶ 시끄러워서 아기가 깼습니다.

❷ 그 친구는 성격이 좋아서 모든 친구들이 좋아합니다.

練習 3

미에: 한국 드라마를 좋아해서요.

미에: 배우들이 연기를 잘해서요.

どうして間違い?

❶ 한국에 왔다 + -아/어서 → 한국에 와서

▶ -아/어서에는、-았/었-が付かない。過去の場合にも常に-아/어서を使う。

❷ 어제 피곤했다 + -아/어서 → 어제 피곤해서

❸ 집에 갔다 + -아/어서 → 집에 가서

❹ 선생님은 가르치고 학생들은 배워요.

▶ -아/어서には、羅列(並列)の意味はない。従って、-고(羅列)と入れ替えなければならない。さらに、順序の-아/어서は、前節と後節の主語が同じでなければならない。

02 -(으)니까

練習 1

❶ 길이 막히니까 지하철을 탑시다.

❷ 유명한 관광지니까 한번 가 볼까요?

❸ 이 표현이 중요하니까 외우세요.

練習 2

❶ 학교에 가니까 교실에 아무도 없었습니다.

❷ 혼자 교실에 앉아 있으니까 교실 밖이 조용했습니다.

❸ 20분 정도 기다리니까 친구들이 모두 왔습니다.

❶～❸ 있으니까

▶ -(으)세요、-(으)ㅂ시다、-(으)ㄹ까요?の前には-아/어서が来ることはできない。-(으)니까 -(으)ㅂ시다、-(으)니까 -(으)세요、-(으)니까 -(으)ㄹ까요?としなくてはならない。

❹ 가니까

▶ 発見の-(으)니까

❺ 가서

▶ 順序の-아/어서

03 -고

練習

❶ 52살(쉰두 살)이고 회사원입니다.
❷ 50살(쉰 살)이고 주부입니다.
❸ 28살(스물여덟 살)이고 교사입니다.
❹ 25살(스물다섯 살)이고 은행원입니다.

▶ 前後の順序が入れ替わってもよい。
例 아버지는 회사원이고 52살입니다.

04 -(으)면서

練習

공부를 하면서 다른 생각을 합니다.
걸으면서 거리를 구경합니다.
텔레비전을 보면서 웃습니다.
차를 마시면서 이야기를 합니다.
운전하면서 음악을 듣습니다.
식사를 하면서 전화를 받습니다.

06 -(으)러

練習

쇼핑을 하러 백화점에 갑니다.
영화를 보러 극장에 갑니다.
컴퓨터를 하러 PC방에 갑니다.

노래를 부르러 노래방에 갑니다.
밥을 먹으러(식사를 하러) 식당에 갑니다.
기름을 넣으러 주유소에 갑니다.
집(방)을 구하러 부동산에 갑니다.
진찰을 받으러 병원에 갑니다.
책을 사러 서점에 갑니다.
편지를 보내러/부치러 우체국에 갑니다.

07 -(으)려고

練習

❶ 영화를 보(려고요.)
❷ 외국 친구와 보(려고요.)
❸ 서울 극장에서 보(려고요.)
❹ 오후 2시에 만나(려고요.)

どれが正しい?

❶ 보러
▶ 後ろに移動動詞**가다**が使われている。目的を表す。

❷ 가려고
▶ **하다**は移動動詞ではないので、-(으)러 **하다**は間違った表現である。ここでは計画を尋ねている。

❸ 만나러 (ただし**만나려고**も文としては正しい)。
▶ **만나러**の場合、後ろに移動動詞**가다**が来てその目的を表しているので、問題の訳文と一致する。
▶ **만나려고**の場合、-(으)려고が計画を表すので、「会おうと」の意味になる。

❹ 갈아타려고
▶ 市庁駅で降りた理由は、2号線に乗り換えるためであり、**내리다**は移動動詞ではないので-(으)러は使えない。

09 (아무리) -아/어도

練習

❶ 아무리 힘들어도 울지 않습니다.
❷ 아무리 깨끗이 청소해도 금방 더러워집니다.
❸ 아무리 돈이 없어도 사고 싶은 것을 삽니다.

11 -자마자

どうして間違い?

❶ 창문을 열자 닫았어요. → 창문을 열자마자 닫았어요.

▶ 窓を開けてすぐに閉めたのは、動作連結の意味を持つ。結果の意味はない。

❷ 아침에 일어나자 물을 마셨어요. → 아침에 일어나자마자 물을 마셨어요.

▶ 朝起きてすぐに水を飲んだことは、動作連結の意味を持つため、-자마자を使う。

❸ 고향에 가자 친구를 만날 거예요. → 고향에 가자마자 친구를 만날 거예요.

▶ 故郷に行ってすぐ友だちに会うことも、やはり動作連結の意味を持つ。

❹ 저는 매일 학교에 가자 책을 읽습니다.
　　→ 저는 매일 학교에 가자마자 책을 읽습니다.

▶ 習慣的なことでも、動作が連結されているので-자마자を使う。

12 -느라(고)

練習

❶ 시험공부를 하느라고
❷ 아르바이트를 하느라고
❸ 데이트 비용을 버느라고

どれが正しい?

❶ 없어서

▶ 있다는-느라고に付くが없다は使えない。

❷ 해서

▶ 試験がうまくいったことはいいことである。-느라고の後ろにはよくないことが来る。

❸ 못 타서

▶ -느라고の前には안、못のような否定表現が来ない。

❹ 일어나서

▶ -느라고の前には、자다、하다、먹다、놀다など、その動作をするために時間がかかる動詞が来る。일어나다は目を覚ますことを意味する。目を覚ますのは瞬間的に行われる動作なので、時間がかからない。

❺ 화장하느라고

❻ 보느라고

▶ 約束を忘れた理由は、テレビを見るのに集中していたからである。

14 -다가는

練習

❶ 아침밥을 안 먹다가는 건강이 나빠질 거예요.

❷ 이를 안 닦다가는 이가 썩을 거예요. (치과에 가야 될 거예요.)

❸ 하루 종일 컴퓨터 게임만 하다가는 눈이 나빠질 거예요. (공부를 못 할 거예요.)

15 -다 보면

練習

❶ (매일 계속해서) 운동하다 보면 살이 빠질 거야.

❷ (그래도 그 사람에게 계속) 잘해 주다 보면 너를 좋아하게 될 거야.

16 -다 보니까

練習

❶ 아침마다 명상을 하다 보니까 집중력이 좋아졌습니다.

❷ 매일 3시간씩 뛰다 보니까 체력이 강해졌습니다.

❸ 외국 선수들의 기술을 비디오로 자주 보다 보니까 저도 모르는 사이에 할 수 있게 되었습니다.

どれが正しい?

❶ 공부하다 보면
▶ 前のことを続ければ後で良いことが起こるだろう。(結果の推測)

❷ 만나다 보니까
▶ 前のことを続けたので、後節の結果をもたらした (表れた結果)。

❸ 떠들다가는
▶ 前のことを何度も行えば、悪いことが起こるだろう。(心配)

17 -다(가)

練習

❶ 하다가

❷ 먹이다가

❸ 놀아 주다가
❹ 하다가
❺ 돌리다가
❻ 먹다가

19 -아/어다(가)

어떤 것이 정확한가?

❶ 사서
▶ ピザを買った場所＝ピザを食べた場所

❷ 빌려다가
▶ 本を借りた場所 ≠ 本を読んだ場所

どうして間違い?

❶ 숙제를 해다가 선생님께 보여 드렸어요.
　　→ 숙제를 해서 선생님께 보여 드렸어요.
▶ 宿題をした理由は先生に見せるためである。しかし、-아/어다가には後節のために、という
　目的の意味がない。-아/어서に直さなくてはならない。

❷ 집에서 반찬을 만들어다가 (집에 있는) 냉장고에 넣어 두었어요.
　　→ 반찬을 만들어서 냉장고에 넣어 두었어요.
▶ -아/어다가は、場所の移動がなくてはならない。家でおかずを作って家にある冷蔵庫に入れ
　た場合には-아/어서を使った方がよい。친구집에서 반찬을 만들어다가 우리집 냉장고에 넣어
　두었어요.のように場所の移動がある場合には、正しい文になる。

20 -더니

練習 1

❶ 내가 어릴 때에는 어머니가 고우시더니 지금은 많이 늙으셨습니다.
❷ 어제는 날씨가 좋더니 오늘은 나쁩니다.
❸ 아까는 학생들이 시끄럽더니 지금은 조용해졌습니다.
▶ 고우셨더니, 좋았더니, 시끄러웠더니とは言わない。

練習 2

❶ 어릴 때 책을 좋아하더니 글쓰기도 잘해요.
❷ 어릴 때부터 운동을 싫어하더니 뚱뚱해졌어요.
❸ 어릴 때부터 성격이 활발하더니 학교에서 친구들에게 인기가 많아요.

どうして間違い？

❶ 동생이 그림을 잘 그렸더니 화가가 되었어요.
　→ 동생이 그림을 잘 그리더니 화가가 되었어요.

▶ 絵が上手だという前節を強調する。-았/었더니は使えない。

❷ 하숙비가 비싸더니 이사했어요. → 하숙비가 비싸서 이사했어요.

▶ 引っ越しをした後節を強調する。この場合、비싸서は引っ越しの理由である。

❸ 날씨가 나쁘더니 우산을 가져왔어요. → 날씨가 나빠서 우산을 가져왔어요.

▶ 傘を持ってきた後節を強調する。天気が悪いのは傘を持ってきた行為の理由として使われている。

21 -았/었더니

どうして間違い？

❶ 친구가 운동을 열심히 했더니 요즘 살이 빠졌어요.
　→ 친구가 운동을 열심히 하더니 요즘 살이 빠졌어요.

▶ 前節の主語が私なら-았/었더니を使い、前節の主語が他人であれば-더니を使う。

❷ 내가 어제 술을 많이 마시더니 오늘 머리가 아파요.
　→ 내가 어제 술을 많이 마셨더니 오늘 머리가 아파요.

▶ 主語が私であるため-았/었더니を使う。

23 -다면

どれが正しい？

❶ 오면
❷ 되면
❸ 먹으면

▶ 1〜3番はすべて一般的に起こることなので-(으)면を使うのが自然である。

❹ 있다면

▶ 있으면も使えるが、実現の可能性が薄いことには-다면がより自然である。

24 〜에다가

練習

지갑에다가 돈을 넣어요.

주머니에다가 손을 넣어요.
꽃병에다가 꽃을 꽂아요.
옷걸이에다가 옷을 걸어요.
책상에다가 책을 올려 놓아요.

どうして間違い?

❶ 선생님에다가 물어보세요. → 선생님에게 물어보세요.

▶ 人を表す名詞に~에다가は使えない。

❷ 옷이 의자에다가 걸려 있습니다. → 옷을 의자에다가 걸었습니다.

▶ ~에다가は他動詞と一緒に使われる（その場合~을/를が用いられる）。

❸ 여기에다 앉으세요. → 여기에 앉으세요.

▶ 앉다も自動詞であるため~에다가と一緒に使えない。

25 -(으)ㄹ까 봐

練習 2

❶ 시험이 어려울까 봐 열심히 공부했어요.
❷ 돈이 모자랄까 봐 아껴 썼어요.
❸ 선생님에게 야단맞을까 봐 학교에 일찍 갔어요.
❹ 가족들이 보고 싶을까 봐 사진을 가져왔어요.
❺ 실수할까 봐 다시 한번 확인했어요.

どうして間違い?

❶ 영화가 재미있을까 봐 보러 극장에 갔어요.
　　→ 영화가 재미있을 것 같아서 보러 극장에 갔어요.

▶ -(으)ㄹ까 봐の前にはよくないこと、心配なことが来るのが一般的である。映画が面白いことはいいことなので心配ではない。

❷ 나중에 시간이 없을까 봐 미리 공부해야 해요.
　　→ 나중에 시간이 없을까 봐 미리 공부했어요.

▶ -(으)ㄹ까 봐の後ろには、過去や現在のことが来なくてはならない。未来や今後の計画を述べることはできない。

26 -(으)ㄹ까(요)?

どうして間違い?

❶ 좋을까요 → 좋을 거예요 / 좋을 것 같아요 / 좋을걸요 / 좋겠어요.

❷ 안 올까요 → 안 올 거예요 / 안 올 것 같아요 / 안 올걸요 / 안 오겠어요.

▶ 推測の-(으)ㄹ까요?は質問にのみ使うことができる。推測表現で答える場合には話し手の確信の度合いと持っている情報によって-(으)ㄹ 것 같다, -겠다, -(으)ㄹ 것이다, -(으)ㄹ걸(요)などの表現を使うことができる。

練習

❶ 비가 올까요?

❷ 어울릴까요?

❸ 시작했을까요?

29 -(으)면 좋겠다

どうして間違い?

❶ 돈이 많이 있고 싶어요. → 돈이 많이 있으면 좋겠어요.

▶ 存在や所有を表す있다/없다に、-고 싶다は使えない。

❷ 날씨가 따뜻하고 싶습니다. → 날씨가 따뜻하면 좋겠습니다.

▶ -고 싶다は、形容詞と一緒に使わない。

❸ 문이 열리고 싶어. → 문을 열고 싶어.

▶ -고 싶다は、主語の意志を表さない自動詞表現には使えない。このような場合は、自動詞を他動詞にして-고 싶다を使う。

30 -아/어 보다

練習

❶ 대통령을 만나 보고 싶어요.

❷ 세계일주를 해 보고 싶어요.

❸ 자원봉사를 해 보고 싶어요.

❹ 사업을 해 보고 싶어요.

31 -(으)ㄴ 적이 있다(없다)

❶ 오늘 아침에 밥을 먹은 적이 있어요. → 오늘 아침에 밥을 먹었어요.

▶ 오늘 아침은、とても近い過去であり、また、朝ご飯を食べることは一般的なことなので、 -(으)ㄴ 적이 있다は使えない。

❷ 제 직업은 한국어 교사입니다. 저는 한국어를 가르친 적이 있습니다.

　　→ 제 직업은 한국어 교사입니다. 전에 영어, 중국어, 일본어를 가르친 적
　　　이 있습니다.

▶ -(으)ㄴ 적이 있다は、現在行っていることには使わない。従って韓国語を教えている場合には、 韓国語を教えたことがあるとは言わない。

❸ 저는 잠을 잔 적이 있습니다. → 저는 친구 집에서 잠을 잔 적이 있습니다.

▶ 寝るのは誰もが毎日行っている一般的なことである。この文を正しい文にするためには、あ る特定の条件を加えればよい。

먹어 봐.

▶ 経験ではなく、味がどうなのかをみること。

33 -(으)면 안 되다

❶ 피우면 안 돼요
❷ 떠들어도 돼요
❸ 하면 안 돼요
❹ 어겨도 돼요

34 -(으)ㄹ 수 있다(없다)

테니스를 칠 수 있습니다.
탁구를 칠 수 있습니다.
축구를 할 수 있습니다.
야구를 할 수 있습니다.
농구를 할 수 있습니다.
배구를 할 수 있습니다.

수영을 할 수 있습니다.
골프를 할 수 있습니다.
스키를 탈 수 있습니다.

練習 2
❶ 일본에서는 친구들을 보고 싶을 때마다 만날 수 있습니다.
한국에서는 친구들을 보고 싶을 때마다 만날 수 없습니다.
❷ 일본에서는 한국어를 배울 수 없습니다.
한국에서는 한국어를 배울 수 있습니다.

35 -(으)ㄹ 줄 알다(모르다)

どれが正しい?
❶ 운전할 수 있어요?
❷ 올 수 있어요?
❸ 이해할 수 있어요?
❹ 만들 수 있어요? / 만들 줄 알아요?

▶ 状況に関する可能性を言うときは-ㄹ 수 있다を使う。❹は能力を聞いているため両方とも使うことができる。

36 -거든(요)

練習 1
❶ 옷도 많고 싸거든요.
❷ 빨간 색을 좋아하거든요.
❸ 치마가 없었거든요.
❹ 한 번도 안 가 봤거든요.

練習 2
❶ 했거든요.
❷ 봤거든요.
❸ (이)거든요.

どれが正しい?
❶ 생겼거든요
▶ 聞き手 (先生) が知らないこと

❷ 오시거든요
▶ 聞き手（先生）が知らないこと

❸ 있잖아요
▶ 聞き手（生徒）も知っていること

40 -(으)ㄹ 것이다(거야/거예요)

どうして間違い?

❶ 내일 날씨가 추울 거예요? → 내일 날씨가 추울까요?
❷ 그 사람이 노래를 잘할 거예요? → 그 사람이 노래를 잘할까요?
❸ 이 옷이 나한테 어울릴 거예요? → 이 옷이 나한테 어울릴까요?
▶ 推測の-(으)ㄹ 거예요は質問には使えない。推測の疑問文は-(으)ㄹ까요?を使う。

練習 1

❶ 좋아질 거예요.
❷ 열이 내릴 거예요.
❸ 심해질 거예요.
❹ 나을 거예요.
▶ 医者が患者に話すときは推測だとしても医学知識に基づく確信があるため、-(으)ㄹ 거예요を使うのが自然である。改まった表現の-(으)ㄹ 겁니다を使ってもよい。

どうして間違い?

話し手の計画と強い意志を表すには-(으)ㄹ 거예요を使う。従って、聞き手と関係なく自分の計画を述べるときは常に-(으)ㄹ 거예요を使わなくてはならない。-(으)ㄹ게요は「約束」を表し、-겠다は「控えめな意思」を表す。

선생님: 방학 때 뭐 할 거예요?
학생: 여행 갈게요. → 여행 갈 거예요.

엄마: 이거 먹을 거야?
아이: 아니, 안 먹겠어. → 아니, 안 먹을 거야.

練習 2

❶ 여행을 갈 거예요.
❷ 부모님께 드릴 거예요.
❸ 학비를 낼 거예요.
❹ 저금을 할 거예요.
❺ 불쌍한 사람을 도울 거예요.

41 -겠다(-겠어/-겠어요/-겠습니다)

[練習 1]

❶ 화요일에는 비가 오겠습니다.

❷ 수요일에는 구름이 조금 끼겠습니다.

❸ 목요일에는 바람이 많이 불겠습니다.

❹ 금요일에는 흐리고 가끔 소나기가 내리겠습니다.

❺ 토요일에는 안개가 많이 끼겠습니다.

❻ 일요일에는 화창하겠습니다.

▶ 天気予報では-겠습니다を使うのが一般的である。話し手 (気象キャスター) が聞き手 (視聴者) に詳しい情報を提供しながら天気を推測するためである。

[練習 2]

❶ 쓰겠습니다.

❷ 연락하겠습니다.

❸ 기다리겠습니다.

▶ 部下が上司の命令に答えるとき-겠습니다をよく使う。この時-(으)ㄹ 거예요は、聞き手と関係のない意志を表すため、不自然である。

42 -(으)ㄹ게(요)

[練習]

❶ 연락할게요.

❷ 기다릴게.

❸ 늦지 않을게요 (안 늦을게요).

▶ 늦지 말게と答えるのは正しくない。-지 말다は-지 마세요や-지 맙시다の形でのみ使うことができるからである。

❹ 말 안 할게 (말하지 않을게).

[どれが正しい?]

❶ 안 기다릴 거예요.

▶ 聞き手に対して拒否するときは-(으)ㄹ게요は使わない。話し手の強い意志を表すため、-(으)ㄹ 거예요を使った方がいい。

❷ 도와 드릴게요.

▶ 聞き手の要請に応じるとき、約束をするときは-(으)ㄹ게요が自然である。

46 -나 보다, -(으)ㄴ가 보다

どれが正しい?

❶ 매운 것 같아요.

▶ 直接経験して知った事実に-나 봐요, -(으)ㄴ가 봐요は使えない。キムチを直接食べてみて辛いと感じたので、これを매워요とせずに매운 것 같아요とするとえん曲表現になる。

❷ 좋은 것 같아요.

▶ そう思った客観的な根拠がない。話し手の主観的な推測を言う場合は-는/(으)ㄴ 것 같아요を使う。

❸ 재미있나 봐요.

▶ 笑い声が聞こえたのがそう思った根拠である。隣のクラスの授業が本当に面白いかは直接見て確認していない。もし確認した上で面白いと言うなら재미있나 봐요も使えなくなる。

48 -고 말다

どれが正しい?

❶ 못 가고 말았어요.

▶ 結婚式に行こうと思っていたが、行けなくなったので残念に思っている。

❷ 질러 버렸어요.

▶ わざとしたことには-아/어 버리다を使う。反対に自分でも知らないうちに起きたことには-고 말다を使う。

❸ 떨어뜨리고 말았어요.

▶ 財布をわざと落としたのではなく、知らないうちに落ちてしまったため-고 말다を使う。

49 -아/어지다

練習 1

❶ 아침에는 날씨가 좋았는데 지금은 흐려졌어요. (흐려지고 있어요)
❷ 작년에는 (물건값이) 쌌는데 올해는 비싸졌어요.

練習 2

❶ 깨졌어요.
❷ 이루어지
❸ 만들어지

50 -게 되다

練習 1

❶ 오카다 씨는 고향에서 요리를 해 본 적이 별로 없었어요.
　그런데 한국에 와서 직접 요리하게 되었어요.
❷ 오카다 씨는 고향에서 친구들을 자주 만났어요.
　그런데 한국에 와서 고향 친구들을 자주 만날 수 없게 되었어요.
❸ 오카다 씨는 고향에서 한글을 읽을 수 없었어요.
　그런데 한국에 와서 한글을 읽을 수 있게 되었어요.

練習 2

❶ 2시 비행기를 타게 되었습니다.
❷ 여러분과 헤어지게 되어서 슬픕니다.
❸ 함께 공부하게 되어서 기뻤습니다.
❹ 다시 만나게 되면 좋겠습니다.

どれが正しい?

❶ 예쁘게 됐네요.
❷ 비싸졌어요.
❸ 재미없어졌어요.
❹ 맛있게 됐어요.

51 -답다

練習

❶ 학생(다운) 학생
❷ 선생님(다운) 선생님

52 -스럽다

どれが正しい?

❶ 어른스럽습니다.

▶ 妹（弟）は大人ではないが、大人のようなところがある。

② 자연스럽게

▶ 普通 -답다の前には人を表す名詞やある資格を持った名詞が来るのが一般的である。**자연스럽다**を一つの単語として暗記すればいい。

③ 바보스럽게

바보같이 보이게 (ばかみたいに見える) という意味である。

54 -다지(요)?

練習

❶ 잘 탄다지요?

❷ 키가 크다지요? / 술을 잘 마신다지요?

❸ 남자도 요리를 잘한다지요?

58 -(으)ㄹ 게 뻔하다

どうして間違い?

❶ 저는 이번 주말에 집에 있을 게 뻔해요.

  → 저는 이번 주말에 집에 있을 거예요.

❷ 제가 내년에는 결혼할 게 뻔합니다. → 제가 내년에는 결혼하려고 합니다.

❸ 나는 오늘 오후 친구를 만날 게 뻔해. → 나는 오늘 오후 친구를 만날 거야.

▶ **❶**～**❸** 状況に影響されずに「私」一人の意志で決められることには -(으)ㄹ 게 뻔하다を使わない。この場合 -(으)ㄹ 거예요, -(으)려고 하다などの表現に替えると自然な文になる。ただし、自分の意志とは関係なく、ある状況によって表れる結果を推測するときには使える。

59 -는/(으)ㄴ 척하다

練習

❶ 나쁜 이야기를 들을 때 못 들은 척해요.

❷ 지하철에 앉아 있을 때 자는 척해요.

❸ 귀찮은 일을 부탁받을 때 바쁜 척해요.

60 -(으)ㄴ 지 (~이/가 되다/넘다/지나다)

練習

❶ 아기가 태어난 지 9개월이 되었어요.

❷ 학교를 졸업한 지 5년이 되었어요.

❸ 여기에 도착한 지 30분이 되었어요.
❹ 수업을 시작한 지 10분이 되었어요.

61 -(으)ㄹ걸 그랬다(그랬어/그랬어요)

練習

❶ (친구 생일인 줄 알았으면) 생일 선물을 살걸 그랬어요.
❷ (돈이 모자랄 줄 알았으면) 아껴 쓸걸 그랬어요.

62 -(으)ㄹ 리가 없다

練習

❶ 갓난아기가 말을 할 리가 없어요.
❷ 비행기 표가 1000엔일 리가 없어요.
❸ 물고기가 걸어 다닐 리가 없어요.
❹ 설탕이 짤 리가 없어요.

63 -(으)ㄹ 만하다

練習

❶ 중국에서 만리장성은 가 볼 만합니다.
❷ 이집트에서 피라미드는 자랑할 만합니다.

64 -는/(으)ㄴ/(으)ㄹ 줄 알았다(몰랐다)

練習

❶ 오니시 씨는 한국에 오기 전에 한국 음식은 다 매운 줄(매울 줄) 알았어요.
맵지 않은 한국 음식도 있는 줄(있을 줄) 몰랐어요.
❷ 오니시 씨는 한국에 오기 전에 고등학생들이 공부를 열심히 하는 줄(할 줄) 알았어요.
와서 보니까 고등학생들이 정말 공부를 열심히 해요.

65 -던

どれが正しい?

❶ 먹던

▶ 食べ残した料理を捨てたので**먹던 음식**である。**먹은 음식**は既に食べ終わった料理である。

❷ 외운

▶ すべて覚えたため**외운**である。**외우던**は、覚え始めたがすべて覚え切れなかったもの。

66 -았/었던

どうして間違い?

❶ 어제 만났는 사람을 오늘도 만났어요

→ 어제 만났던 사람을 오늘도 만났어요.

▶ -았/었-＋-는は間違った表現。過去に終わった事実をもう一度思い出して話すときは-았/었던を使わなくてはならない。

❷ 아까 시장에서 사던 야채를 냉장고에 넣었어요.

→ 아까 시장에서 샀던 야채를 냉장고에 넣었어요.

▶ 사다（買う）という動作が既に終わった状態であるので**샀던**が正しい。

❸ 잊어버리던 약속이 다시 생각났어요.

→ 잊어버렸던 약속이 다시 생각났어요.

▶ 過去に約束を忘れてしまった（過去に約束を忘れてしまった）という完了の意味があるので、**잊어버렸던**が正しい。

68 -았/었을 때

どうして間違い?

❶ 보통 나는 집에 혼자 있었을 때 책을 읽어요.

→ 보통 나는 집에 혼자 있을 때 책을 읽어요.

▶ ある行為が続いていることを述べる場合には-(으)ㄹ 때を使う。

❷ 잘 모르는 때 선생님에게 질문하세요.

→ 잘 모를 때 선생님에게 질문하세요.

▶ -는 때という表現は使わない。-(으)ㄹ 때を使わなくてはならない。

⎡ どれが正しい？ ⎤

前節に**가다、오다、도착하다、출발하다、떠나다**などの移動動詞が来て、前節が完了して後節が
起きる場合には**-았/었을 때**を使う。しかし、前節と後節が同時に起きる場合には**-(으)ㄹ 때**を
使う。

❶ 갔을 때

▶ 学校に行ったことが先に起こったこと。学校に行って教室のドアが開いているのを見た。従っ
て**-았/었을 때**を使わなくてはならない。

❷ 올 때

▶ 韓国に来ることと飛行機に乗ることは同時に起きたこと。従って**-(으)ㄹ 때**を使わなくてはな
らない。

69 -(으)ㅁ

⎡ 練習 ⎤

❶ 읽음 (읽었음)
❷ 마심 (마셨음)
❸ 봄 (보았음 / 봤음)

70 -기

⎡ 練習 2 ⎤

❶ 볶기
❷ 계란찜
❸ 무치기

▶ 普通、調理法には**-기**を使い、料理の名前には**-(으)ㅁ**を使う。**-기**はまだ行っていないこと
や動作があることに使い、**-(으)ㅁ**はすでに終わったことや状態を話すときに使うためである。
料理の本を見ると調理法が**-기**となっており、韓国料理の名前が**-(으)ㅁ**で終わっているもの
が多いのはこのためである。

本書の代表例文の一覧です。左ページのハングルの見出し語と例文の音声を、10個ごとに一つの音声ファイルに収録しています。

01 **-아/어서**
◁)) 해서

선물을 사서 친구에서 주었어요.
아파서 학교에 못 갔어요.

02 **-(으)니까**
◁)) 하니까

자리가 없으니까 잠시 기다려 주세요.
친구한테 전화하니까 안 받아요.

03 **-고**
◁)) 하고

나는 책을 읽고 동생은 텔레비전을 봅니다.
나는 밥을 먹고 이를 닦습니다.

04 **-(으)면서**
◁)) 하면서

텔레비전을 보면서 식사를 해요.

05 **-(으)며**
◁)) 하며

그 사람은 키가 크며 성격도 좋아요.
동생이 음악을 들으며 공부합니다.

06 **-(으)러**
◁)) 하러

책을 사러 서점에 가요.

07 **-(으)려고**
◁)) 하려고

내년에 고향에 돌아가려고 해요.
친구에게 주려고 꽃을 샀어요.

08 **-는/(으)ㄴ데**
◁)) 하는데, 한데

요즘 한국무용을 배우는데 아주 재미있어요.
운동은 잘하는데 노래는 못해요.
날씨가 더운데 코트를 입었어요.

09 **(아무리) -아/어도**
◁)) 해도

바빠도 식사는 합니다.

10 **-자**
◁)) 하자

창문을 열자 바람이 들어왔어요.

11 **-자마자**
◁)) 하자마자

아침에 일어나자마자 물을 마셔요.

12 **-느라(고)**
◁)) 하느라고

요즘 시험 공부를 하느라고 놀지 못해요.

するので、なので	プレゼントを買って、友達にあげました。 体調が悪くて、学校に行けませんでした。
するから、だから	席がないので、しばらくお待ちください。 友達に電話したら、出ませんでした。
して、で	私は本を読んで、弟はテレビを見ます。 私はご飯を食べて歯を磨きます。
しながら	テレビを見ながら食事をします。
して、で	その人は背が高くて、性格もいいです。 弟が音楽を聞きながら勉強しています。
しに	本を買いに、書店に行きます。
しようと	来年、故郷へ帰ろうと思います。 友達にあげようと花を買いました。
するけど、だけど	このごろ韓国舞踊を習っているんですが、とても楽しいです。 運動はできますが、歌は下手です。 暑いのにコートを着ています。
しても	忙しくても、食事はします。
すると	窓を開けると、風が入ってきました。
するとすぐに	朝起きるとすぐに、水を飲みます。
しているため	最近、試験勉強をしているため、遊べません。

| 13 **-는 바람에** | 교통사고가 나는 바람에 병원에 입원하게 되었어요. |
| 🔊 하는 바람에 | |

| 14 **-다가는** | 그렇게 술을 많이 마시다가는 큰일 나요. |
| 🔊 하다가는 | |

| 15 **-다 보면** | 매일 한국 친구를 만나다 보면 한국어를 잘하게 될 |
| 🔊 하다 보면 | 거예요. |

| 16 **-다 보니까** | 매일 운동하다 보니까 건강해졌어요. |
| 🔊 하다 보니까 | |

| 17 **-다(가)** | 공부를 하다가 전화를 받아요. |
| 🔊 하다가 | 잠을 자다가 꿈을 꿨습니다. |

| 18 **-았/었다(가)** | 불을 켰다가 꺼요. |
| 🔊 했다가 | 옷을 사러 백화점에 갔다가 신발도 샀어요. |

| 19 **-아/어다(가)** | 김밥을 사다가 먹었어요. |
| 🔊 해다가 | |

| 20 **-더니** | 처음에는 김치가 맵더니 지금은 안 매워요. |
| 🔊 하더니 | 수미 씨는 남자 친구가 생기더니 더 예뻐졌어요. |

| 21 **-았/었더니** | 텔레비전을 많이 봤더니 눈이 피곤해요. |
| 🔊 했더니 | 어머니께 전화했더니 어머니가 기뻐하셨어요. |

| 22 **-(으)면** | 봄이 되면 꽃이 핍니다. |
| 🔊 하면 | 만일 모르는 것이 있으면 질문하십시오. |

| 23 **-다면** | 태양이 없다면 어떻게 될까요? |
| 🔊 한다면, 하다면 | |

| 24 **~에다(가)** | 공책에다가 글씨를 씁니다. |
| 🔊 에다가 | 어디에다 물어 보면 될까요? |

| 25 **-(으)ㄹ까 봐** | 살이 찔까 봐 조금만 먹어요. |
| 🔊 할까 봐 | |

したために	交通事故のせいで、病院に入院することになりました。
したら	そんなにお酒をいっぱい飲んだら、大変なことになりますよ。
すると	毎日韓国人の友達に会っていると、韓国語が上手になると思いますよ。
していたら	毎日運動していたら、健康になりました。
しているうちに	勉強をしている途中で、電話に出ます。 寝ていて、夢を見ました。
してから	電気をつけてから、消します。 服を買いにデパートに行って、靴も買いました。
して	のり巻きを買ってきて食べました。
だったのに、 していると思ったら	初めはキムチが辛かったのに、今は辛くないです。 スミさんは彼氏ができてから、もっとかわいくなりました。
したら	テレビをたくさん見たら目が疲れました。 お母さんに電話したら、お母さんが喜んでくれました。
すると、だと	春になると、花が咲きます。 万が一分からないことがあれば、質問してください。
するなら、なら	太陽がなかったら、どうなるでしょうか？
に	ノートに、字を書きます。 どこに尋ねればいいでしょうか？
するかと思って、なんじゃないかと思って	太るんじゃないかと思って、少しだけ食べます。

26 **-(으)ㄹ까(요)?**	내일 날씨가 좋을까요?
◁» 할까?	같이 갈까요?
	우리 어디에서 만날까요?

| 27 **-(으)ㅂ시다** | 같이 영화 보러 갑시다. |
| ◁» 합시다 | |

| 28 **-고 싶다** | 세계 일주를 하고 싶어요. |
| ◁» 하고 싶다 | |

| 29 **-(으)면 좋겠다** | 나는 내년에 취직하면 좋겠어. |
| ◁» 하면 좋겠다 | 저에게 연락 주시면 좋겠습니다. |

| 30 **-아/어 보다** | 이거 한번 먹어 봐. |
| ◁» 해 보다 | 한복을 입어 보았어요. |

| 31 **-(으)ㄴ 적이 있다(없다)** | 청혼을 받은 적이 있습니다. |
| ◁» 한 적이 있다, 한 적이 없다 | |

| 32 **-아/어도 되다 (괜찮다/좋다)** | (男) 들어가도 됩니까? |
| ◁» 해도 되다 | (女) 들어가도 돼요. |

| 33 **-(으)면 안 되다** | (男) 교실에서 담배를 피워도 돼요? |
| ◁» 하면 안 되다 | (女) 아니요, 담배를 피우면 안 돼요. |

34 **-(으)ㄹ 수 있다(없다)**	저는 수영을 할 수 있어요.
	수업 시간에 전화를 받을 수 없어요.
◁» 할 수 있다, 할 수 없다	사람은 물을 마시지 않고 살 수 없어요.

| 35 **-(으)ㄹ 줄 알다(모르다)** | 저는 술을 마실 줄 몰라요. |
| ◁» 할 줄 알다, 할 줄 모르다 | |

するだろうか?、 だろうか?	明日、天気がいいでしょうか?
	一緒に行きましょうか?
	どこで会いましょうか?
しましょう	一緒に映画を見に行きましょう。
したい	世界一周がしたいです。
できればと思う、 であればと思う	私は来年就職できればと思う。
	私に連絡をいただければと思います。
してみる	これ一度食べてみて。
	韓服を着てみました。
したことがある、 したことがない	プロポーズをされたことがあります。
してもいい	入ってもいいですか?
	入ってもいいです。
してはいけない	教室で、たばこを吸ってもいいですか?
	いいえ、たばこを吸ってはいけません。
することができる、 することができない	私は水泳ができます。
	授業中に、電話に出ることはできません。
	人は、水を飲まずには生きることができません。
することができる、 することができない	私はお酒が飲めません。

36 **-거든(요)** ◁)) 하거든	(女) 이번 토요일에 뭐 해요? (男) 공부해야 되는데……. 　　다음 주에 시험이 있거든요. (女) 우리 오빠가 다음 달에 결혼하거든요. (男) 그래요?
37 **-잖아(요)** ◁)) 하잖아	(女) 한국 드라마가 요즈음 외국에서도 인기가 많아요. (男) 한국 드라마가 재미있잖아요. (女) 내 책이 어디 있지? (男) 여기 있잖아. (女) 숙제하려면 봐야 할 책이 많은데 어떡하지요? (男) 도서관에 가면 되잖아요.
38 **-네(요)** ◁)) 하네	(女) 오늘 길이 복잡하네요. (男) 네, 어제보다 복잡한 것 같아요. (女) 김치가 조금 맵지요? (男) 그러네요.
39 **-군(요)** ◁)) 하군	(女) 학교 앞에 큰 서점이 생겼군요. (男) 우리 한번 가 볼까요? (女) 어제 안도 씨가 고향으로 돌아갔어요. (男) 그렇군요.
40 **-(으)ㄹ 것이다(거 야/거예요)** ◁)) 할 것이다	(男) 오늘 백화점이 복잡할까요? (女) 주말이니까 백화점에 사람이 많을 거예요. (男) 이번 방학 때 뭐 할 거예요? (女) 여행 갈 거예요.
41 **-겠다(-겠어/-겠어 요/-겠습니다)** ◁)) 하겠다	(男) 저 선물 좀 보세요. (女) 선물을 많이 받아서 기분이 좋겠어요. (男) 김 사장님 계십니까? (女) 아니요, 지금 안 계십니다. (男) 그럼 나중에 다시 전화하겠습니다.

するんだよ、なんだよ	今度の土曜日に、何をしますか？
	勉強しなければならないんですが……。
	来週、試験があるんですよ。
	うちの兄が、来月結婚するんですよ。
	そうなんですか？

するじゃないか、 じゃないか	韓国のドラマは、最近外国でも人気がありますよ。
	韓国のドラマは面白いじゃないですか。
	私の本はどこだっけ？
	ここにあるじゃない。
	宿題をするのに読まなければならない本が多いのですが、どうすればいいでしょうか？
	図書館に行けばいいじゃないですか。

するね、だね	今日は道が混んでいますね。
	はい、昨日より道が混んでいるようですね。
	キムチが少し辛いでしょう？
	そうですね。

するね、だね	学校の前に、大きな書店が出来ましたね。
	一度行ってみましょうか。
	昨日、安藤さんが故郷に帰りました。
	そうですか。

すると思う、だと思う	今日、デパートは混んでいるでしょうか？
	週末だから、デパートに人が多いと思いますよ。
	今度の休みに何をするつもりですか？
	旅行するつもりです。

する、だ	ちょっと、あのプレゼント見てください。
	プレゼントをたくさんもらって、気分がいいでしょうね。
	キム社長はいらっしゃいますか？
	いいえ、今おりません。
	では後でかけなおします。

42 **-(으)ㄹ게(요)** 🔊 할게	(女) 오늘 일찍 들어와라. 알았지? (男) 네, 일찍 올게요. 엄마. (女) 이제 그만 집에 갈게. (男) 그래. 조심해서 가.
43 **-(으)ㄹ래(요)** 🔊 할래	저는 김치찌개로 할래요. 저기요, 여기 김치 좀 더 주실래요? 같이 차 한잔 하실래요?
44 **-(으)ㄹ걸(요)** 🔊 할걸	(男) 저 옷 얼마나 할까요? (女) 저 옷은 비쌀걸요. (男) 왜요? (女) 저기서 나온 옷은 다 비싸요.
45 **-(으)ㄹ 것 같다** 🔊 할 것 같다	하늘을 보니까 비가 올 것 같아요. 왠지 오늘 비가 올 것 같다. (男) 이 옷이 나한테 어울려? (女) 글쎄, 안 어울릴 것 같은데…….
46 **-나 보다, -(으)ㄴ가 보다** 🔊 하나 보다, 한가 보다	진미 씨가 오늘 아픈가 봐요.
47 **-아/어 버리다** 🔊 해 버리다	회사를 그만둬 버렸어요. 겨울도 다 지나가 버렸습니다.
48 **-고 말다** 🔊 하고 말다	다음 시합에서 꼭 이기고 말 거야. 오랫동안 사귄 애인과 헤어지고 말았어요.
49 **-아/어지다** 🔊 해지다	한국에 와서 한국 친구가 많아졌어요. 그릇이 떨어져서 깨졌어요.
50 **-게 되다** 🔊 하게 되다	처음에는 그 사람을 싫어했는데 점점 좋아하게 되었어요. 친구 소개로 남편을 알게 되었어요.

するよ	今日、早く帰って来なさい。分かった？
	はい、早く帰ります。お母さん。
	もうそろそろ、家に帰るよ。
	うん。気を付けて帰ってね。
するよ	私はキムチチゲにします。
	すみません、キムチのおかわりもらえますか？
	一緒に、お茶しましょうか？
するだろう、だろう	あの服、どれくらいするのでしょうか？
	あの服は高いと思いますよ。
	どうしてですか？
	あそこの服は全部高いですよ。
しそうだ、そうだ	空を見たら、雨が降りそうですね。
	なんだか、今日雨が降りそうだ。
	この服、私に似合う？
	そうね、似合わないと思うけど……。
するみたいだ、みたいだ	チンミさんは今日体調が悪いみたいです。
してしまう	会社をやめてしまいました。
	冬も過ぎてしまいました。
してしまう	次の試合で、必ず勝ってやる。
	長い間付き合った恋人と別れてしまいました。
になる、くなる	韓国に来て、韓国人の友達が増えました。
	器が落ちて割れました。
になる、くなる	初めはあの人が嫌いでしたが、だんだん好きになりました。
	友達の紹介で、夫と知り合うことになりました。

51 **-답다** ◁)) 답다	제 여자 친구는 정말 여자다워요.
52 **-스럽다** ◁)) 스럽다	그 아이는 어른스러워요.
53 **-다면서(요)?** ◁)) 한다면서?, 하다면서?	(男) 설악산은 단풍이 아름답다면서요? (女) 네, 정말 아름다워요. 한번 가 보세요. (男) 배고프다……. (女) 아까는 배가 안 고프다면서요? (男) 금방 배가 고파지네요.
54 **-다지(요)?** ◁)) 한다지, 하다지	일본 사람은 생선을 좋아한다지요?
55 **-더라** ◁)) 하더라	(男) 어제 참 춥더라. (女) 맞아. 정말 추웠어. (男) 저 사람 어딘가에서 봤는데……. (女) 맞아. 나도 본 적 있는데……. (男) 저 사람이 누구더라?
56 **-더라고(요)** ◁)) 하더라고	어제 시내에 나갔는데 사람이 정말 많더라고요.
57 **-(으)ㄹ 뻔하다** ◁)) 할 뻔하다	뛰어가다가 넘어질 뻔했어요. 우리 팀이 이길 뻔했는데 결국 졌어요.
58 **-(으)ㄹ 게 뻔하다** ◁)) 할 게 뻔하다	선주 씨는 매일 지각하니까 오늘도 지각할 게 뻔해요.
59 **-는/-(으)ㄴ 척하다** ◁)) 하는 척하다, 한 척하다	남편이 만들어 준 음식이 맛있는 척했어요.
60 **-(으)ㄴ 지 (~이/가** **되다/넘다/지나다)** ◁)) 한 지	한국에 온 지 3년이 되었습니다.

らしい	私の彼女は本当に女性らしいです。
らしい	あの子は大人っぽいです。
するんだって?、 なんだって?	雪岳山は紅葉が美しいんですって? はい、本当にきれいですよ。一度行ってみてください。 おなかすいた……。 さっきはすいてないって言ってたじゃないですか? すぐにおなかがすいてきますね。
するそうだね、 だそうだね	日本人は、魚が好きだそうですね?
していたよ、 だったよ	昨日、すごく寒かったよ。 そうね。本当に寒かった。 あの人、どこかで見た覚えがあるけど……。 そうね。私も見たことあるけど……。 あの人、誰だったっけ?
するんだよ、 だったよ	昨日市内に出かけたんですけど、人が本当に多かったですよ。
するところだ	走っていて転ぶところでした。 うちのチームが勝つところだったのに、結局負けました。
するに決まっている	ソンジュさんは毎日遅刻するから、今日も遅刻するに決まっていますよ。
するふりをする、 なふりをする	夫が作ってくれた料理においしいふりをしました。
してから	韓国に来てから3年になりました。

| 61 **-(으)ㄹ걸 그랬다** (그랬어/그랬어요) | 거짓말을 하지 말걸 그랬어요. |
| 🔊 할걸 그랬다 | |

| 62 **-(으)ㄹ 리가 없다** | 여름에 눈이 올 리가 없어요. |
| 🔊 할 리가 없다 | |

| 63 **-(으)ㄹ 만하다** | 믿을 만한 친구가 몇 명이나 있어요? |
| 🔊 할 만하다 | 이것은 몇 년 전에 유행했던 옷이지만 아직도 입을 만합니다. |

| 64 **-는/(으)ㄴ/(으)ㄹ 줄 알았다(몰랐다)** | 한국 사람이 매운 음식을 좋아하는 줄 몰랐어요. |
| 🔊 하는 줄 알았다, 한 줄 알았다, 할 줄 알았다 | 오늘 비가 올 줄 몰랐어요. 비가 안 올 줄 알았어요. |

| 65 **-던** | 아까 제가 마시던 물이 어디 있어요? |
| 🔊 하던 | 옛날에 자주 가던 가게가 지금은 없어졌습니다. |

| 66 **-았/었던** | 지난번에 샀던 옷을 바꾸러 왔는데요. |
| 🔊 했던 | 엄마가 자주 불러 주셨던 노래가 생각납니다. |

67 **-(으)ㄹ 때**	부모님이 보고 싶을 때 전화를 합니다.
🔊 할 때	저는 어릴 때 꿈이 대통령이었어요.
	결혼할 때 연락하세요.

| 68 **-았/었을 때** | 저번에 만났을 때는 건강했었는데……. |
| 🔊 했을 때 | |

69 **-(으)ㅁ**	저는 춤을 잘 못 춥니다.
🔊 함	우리는 살아 있음에 감사해야 합니다.
	오늘 학교 앞에서 친구를 만남.

70 **-기**	말하기 연습을 많이 하고 싶습니다.
🔊 하기	이 책은 혼자 공부하기에 좋습니다.
	학교에 일찍 오기.

すればよかった	うそをつかなければよかったです。
するはずがない、 なはずがない	夏に雪が降るはずがありません。
するに値する	信じられる友達が、何人くらいいますか? これは、何年か前に流行した服ですが、まだ着られます。
すると思った、だと 思った	韓国人が、辛い物が好きだとは知らなかったです。 今日、雨が降るとは思いませんでした。雨が降らないと思っていました。
していた	さっき私が飲んでいた水は、どこにありますか。 昔しょっちゅう行っていた店が、今はなくなりました。
した、していた	この前買った服を交換しに来たんですが。 お母さんがよく歌ってくれた歌を思い出します。
する時、な時	両親に会いたいとき、電話をします。 私の小さいころの夢は大統領になることでした。 結婚するときは、連絡してください。
した時、だった時	この間会った時は元気だったのに……。
すること、なこと	私は踊りが下手です。 私たちは、生きていることに感謝すべきです。 今日、学校の前で友達に会う。
すること、なこと	会話の練習をたくさんしたいです。 この本は、一人で勉強するのにいいです。 学校に早く来ること。

ハングル索引

ハングルの形から見出し語を探す索引です。数字は掲載ページです。

日本語索引

日本語の意味から見出し語を探す索引です。数字は掲載ページです。

著者プロフィール

李 倫 珍 （이윤진＝イ・ユンジン）

JETプログラムで来日し、富山県庁国際課に勤務しなが
ら2年間韓国語を教える。その他ソウル・建国大学校言
語教育院やアメリカ・ニュージャージー州（日本人主婦
対象）でも韓国語を教授。教材の企画・執筆にも携わる。
梨花女子大学校修士卒業（外国語としての韓国語教育専
攻）。延世大学校国語国文学科博士卒業（韓国語教育専
攻）。現、安養大学教育大学院教授。

Sentence patterns of Korean with illustrations
Jihacheoli Gojangnaseo Neujeosseoyo

The Original Korean edition © 2006 published by Communicationbooks
The Japanese edition © 2008 by HANA PRESS Inc.
by arrangement with Communicationbooks Seoul, Korea.

初・中級の文法がよくわかる！
韓国語表現文型

2021年6月11日　初版発行

著　者　李倫珍

翻　訳　安垠姫

編　集　李善美

校　正　辻仁志、鷲澤仁志

デザイン　木下浩一（アングラウン）

イラスト　トツカケイスケ

Ｄ Ｔ Ｐ　有限会社共同制作社

印刷・製本　中央精版印刷株式会社

発行人　裵正烈

発　行　株式会社 HANA
　　　　〒 102-0072 東京都千代田区飯田橋 4-9-1
　　　　TEL：03-6909-9380　　FAX：03-6909-9388
　　　　E-mail：info@hanapress.com

発　売　株式会社インプレス
　　　　〒 101-0051 東京都千代田区神田神保町一丁目 105 番地
　　　　TEL：03-6837-4635

ISBN978-4-295-40566-5 C0087　©HANA 2021　Printed in Japan

新装版 韓国語能力試験
TOPIK II
必須単語 完全対策

**好評
発売中！**

シン・ヒョンミ他 [著]
HANA韓国語教育研究会 [訳]

ISBN978-4-295-40506-1
定価 2,420円（本体 2,200円＋税10%）
A5判／2色刷り／544ページ
音声はダウンロード

【本書の特長】

1. 中級レベルの必須単語1500語を厳選し、
   実生活のカテゴリー別に整理！
2. 類義語、対義語など、関連情報が充実、
   中級学習者の語彙力強化に最適！
3. 生きた対話形式の例文！全例文の音声を収録！

　本書には、TOPIK II（中・上級）レベルの単語約1500語が収録されています。これらの単語は、TOPIKの過去問題と韓国の八つの大学語学堂の中級（3～4級）テキストにおける語彙使用頻度調査を通じて抽出したものを、さらに韓国・国立国語院による「中級段階の韓国語教育用語彙」と対照し、整理してまとめたものです。

　一つの単語につき、発音や変則活用情報をはじめ、類義語、対義語、能動・受動形などの参考単語など、さまざまな情報を併せて掲載しました。さらに、生きた対話形式の例文を掲載し、全例文の音声を無料ダウンロードで提供（音声は4時間9分）。

　実生活に即した細かなカテゴリーに分けて語彙を整理してあるので、試験対策はもちろん、中級学習者が語彙を強化するのにも役立つ中級学習者向け単語集の決定版です！

※本書は韓国で発売され好評を博している『2000 Essential KOREAN WORDS Intermediate』（DARAKWON 刊）を基に、日本語の訳文を加えたものです。

※本書の音声はMP3形式の音声ファイルです。通常の音楽CDプレーヤーでは再生できません。